郭　　象

世界哲學家叢書

湯　一　介　著

1999

東大圖書公司印行

國家圖書館出版品預行編目資料

郭象／湯一介著.--初版.--臺北市：
東大：民88
面： 公分.--(世界哲學家叢書)
參考書目;面
含索引
ISBN 957-19-2224-2 (精裝)
ISBN 957-19-2225-0 (平裝)

1.(晉) 郭象-學術思想-哲學

123.318   87005904

網際網路位址 http://www.sanmin.com.tw

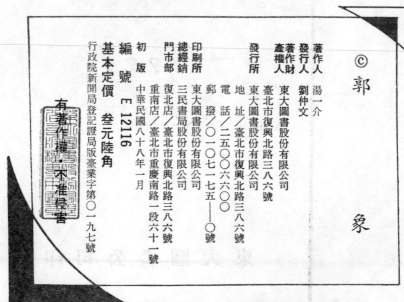

ⓒ 郭 象

著　作　人　湯一介
發　行　人　劉仲文
產權作財人　東大圖書股份有限公司
發　行　所　東大圖書股份有限公司
　　　　　　地　址／臺北市復興北路三八六號
　　　　　　電　話／二五○○六六○○
　　　　　　郵　撥／○一○七一七五──○號
印　刷　所　東大圖書股份有限公司
總　經　銷　三民書局股份有限公司
門　市　部　復北店／臺北市復興北路三八六號
　　　　　　重南店／臺北市重慶南路一段六十一號
初　版　中華民國八十八年一月
編　號　E 12116
基本定價　叁元陸角
行政院新聞局登記證局版臺業字第○一九七號

ISBN 957-19-2225-0 (平裝)

「世界哲學家叢書」總序

　　本叢書的出版計畫原先出於三民書局董事長劉振強先生多年來的構想，曾先向政通提出，並希望我們兩人共同負責主編工作。一九八四年二月底，偉勳應邀訪問香港中文大學哲學系，三月中旬順道來臺，即與政通拜訪劉先生，在三民書局二樓辦公室商談有關叢書出版的初步計畫。我們十分贊同劉先生的構想，認為此套叢書（預計百冊以上）如能順利完成，當是學術文化出版事業的一大創舉與突破，也就當場答應劉先生的誠懇邀請，共同擔任叢書主編。兩人私下也為叢書的計畫討論多次，擬定了「撰稿細則」，以求各書可循的統一規格，尤其在內容上特別要求各書必須包括（1）原哲學思想家的生平；（2）時代背景與社會環境；（3）思想傳承與改造；（4）思想特徵及其獨創性；（5）歷史地位；（6）對後世的影響（包括歷代對他的評價），以及（7）思想的現代意義。

　　作為叢書主編，我們都了解到，以目前極有限的財源、人力與時間，要去完成多達三、四百冊的大規模而齊全的叢書，根本是不可能的事。光就人力一點來說，少數教授學者由於個人的某些困難（如筆債太多之類），不克參加；因此我們曾對較有餘力的簽約作者，暗示過繼續邀請他們多撰一兩本書的可能性。遺憾的是，此刻在政治上整個中國仍然處於「一分為二」的艱苦狀態，加上馬列教

條的種種限制，我們不可能邀請大陸學者參與撰寫工作。不過到目前為止，我們已經獲得八十位以上海內外的學者精英全力支持，包括臺灣、香港、新加坡、澳洲、美國、西德與加拿大七個地區；難得的是，更包括了日本與大韓民國好多位名流學者加入叢書作者的陣容，增加不少叢書的國際光彩。韓國的國際退溪學會也在定期月刊《退溪學界消息》鄭重推薦叢書兩次，我們藉此機會表示謝意。

　　原則上，本叢書應該包括古今中外所有著名的哲學思想家，但是除了財源問題之外也有人才不足的實際困難。就西方哲學來說，一大半作者的專長與興趣都集中在現代哲學部門，反映著我們在近代哲學的專門人才不太充足。再就東方哲學而言，印度哲學部門很難找到適當的專家與作者；至於貫穿整個亞洲思想文化的佛教部門，在中、韓兩國的佛教思想家方面雖有十位左右的作者參加，日本佛教與印度佛教方面卻仍近乎空白。人才與作者最多的是在儒家思想家這個部門，包括中、韓、日三國的儒學發展在內，最能令人滿意。總之，我們尋找叢書作者所遭遇到的這些困難，對於我們有一學術研究的重要啟示（或不如說是警號）：我們在印度思想、日本佛教以及西方哲學方面至今仍無高度的研究成果，我們必須早日設法彌補這些方面的人才缺失，以便提高我們的學術水平。相比之下，鄰邦日本一百多年來已造就了東西方哲學幾乎每一部門的專家學者，足資借鏡，有待我們迎頭趕上。

　　以儒、道、佛三家為主的中國哲學，可以說是傳統中國思想與文化的本有根基，有待我們經過一番批判的繼承與創造的發展，重新提高它在世界哲學應有的地位。為了解決此一時代課題，我們實有必要重新比較中國哲學與（包括西方與日、韓、印等東方國家在內的）外國哲學的優劣長短，從中設法開闢一條合乎未來中國所需

求的哲學理路。我們衷心盼望，本叢書將有助於讀者對此時代課題的深切關注與反思，且有助於中外哲學之間更進一步的交流與會通。

最後，我們應該強調，中國目前雖仍處於「一分爲二」的政治局面，但是海峽兩岸的每一知識分子都應具有「文化中國」的共識共認，爲了祖國傳統思想與文化的繼往開來承擔一分責任，這也是我們主編「世界哲學家叢書」的一大旨趣。

傅偉勳　韋政通

一九八六年五月四日

自　序

　　這本書是十年前偉勳兄約我寫的，而今偉勳兄已經去世了，想起這件事，真是十分內疚，覺得非常對不起他。

　　我可能是大陸學者認識偉勳兄最早的一個。記得一九八三年夏天，我在哈佛作研究時，有一天杜維明兄對我說，國際現象學有一個會，問我去不去聽聽，我就跟他一起去了，在會上碰到偉勳兄。會後我們一起吃飯，談得很愉快，可說一見如故。此後，偉勳兄多次來大陸，我也常去美國，見面次數不少。我最後一次和偉勳兄見面是一九九二年春節前後，我去天普大學看他，那時他已患病，但是他精神還是那麼好，我們還一起喝酒。我問他「六四」以後為什麼不再去大陸，他說：「我不能想像『六四』的情景。」這點我是很能體會的。偉勳兄是性情中人，他的學問、人品之高為我們大陸學者圈子的人公認，和他一起開會、聊天是一種享受，而且偉勳兄有一種非常可愛的本領，他可以把不同意見的人拉在一起，化解不愉快的局面。這是別人很難做到的。

　　偉勳兄雖然身患重病，但他仍然是那麼樂觀，他的研究工作並未中斷，特別是他的《道元》一書，真可說是一部重要的傳世之作。我想，偉勳兄大概真的參透了佛教的真諦。後來，他研究「生死學」，並出了書，但我沒有看到他的書。最近聽龔鵬程先生說，佛光大學

把「生死學」作為他們研究的一個重要方向，這當然是對偉勳兄最好的紀念了。

這本《郭象》為什麼遲遲寫不出來，原因是我寫過一本《郭象與魏晉玄學》，為此我想總應在那本書的基礎上有點提高。但提高並不容易，所以寫得很慢。這本《郭象》如果說有什麼進步，可以說更加減少了過去的一些條條框框的束縛，而且有些章節是《郭象與魏晉玄學》那本書沒有的，如第一、第三、第六章的一部分，第八、第九、第十等章，而附錄更是我最近研究的一個新問題。

〈郭象哲學中的理論問題（上）〉是我最後寫的一章，其時，檢查出患有肺結核病，不得不住院治療，因此這一章是在醫院中寫的，難免有些地方只能「言不盡意」了。這本書的寫作拖了十年，對出版社也是很抱歉的。

湯一介　1998年秋

郭　象

目　次

第一章　郭象的生平與著作

　　郭象字子玄,《世說新語·文學》引《文士傳》謂象為河南人,《經典釋文·序錄》謂為河內人,約生於魏齊王芳嘉平五年(西元253年),卒於西晉懷帝永嘉六年(西元312年)。《晉書》有傳,《世說新語》多處載郭象事。

　　《晉書·郭象傳》謂:象「少有才理,好老莊,能清言」。《世說新語·文學》注引《文士傳》說:象「慕道好學,記志老莊,時人咸以為王弼之亞」。嘗與王衍、庾敳、裴遐諸名士遊。本傳中說:「太尉王衍每云:聽象語,如懸河瀉水,注而不竭。」案,《語林》所載與本傳不同:「王太尉問孫興公曰:郭象何如人?答曰:其辭清雅,奕奕有餘,吐章陳文,如懸河瀉水,注而不竭。」又《世說新語·賞譽》上說:「郭子玄有俊才,能言老莊,庾敳嘗稱之,每曰:郭子玄何必減庾子嵩。」《晉書·裴秀傳》附〈裴楷傳〉中說:「楷弟綽……綽子遐,善言玄理,音辭清暢,泠然若琴瑟。嘗與河南郭子玄談論,一坐嗟嘆」云云。而《世說新語·文學》有更具體的記載:「裴散騎娶王太尉女,婚後三日,諸婿大會。當時名士王、裴子弟悉集。郭子玄在坐,挑與裴談。子玄才甚豐贍,始數交未快。郭陳張甚盛,裴徐理前語,理致甚微,四坐咨嗟稱快。王亦以為奇,謂諸人曰:君輩勿為爾,將受困寡人女婿。」 王僧虔《誡子傳》有

2．郭　象

「郭象言類懸河」之語；劉勰《文心雕龍·論說》有「郭象銳思於幾神之區」之語，如此等等。可見，郭象為當時清談名家，玄學巨將，當時人目「為王弼之亞」，其在魏晉玄學中地位之重要自不待言。

《晉書·郭象傳》謂：象「州郡辟召，不就。常閑居，以文論自娛。後辟司徒掾，稍至黃門侍郎。東海王越引為太傅主簿，甚見親委，遂任職當權，熏灼內外。由是素論去之。永嘉末，病卒。」又《晉書·苟晞傳》中說：「苟晞字道將……復上表曰：殿中校尉李初至，奉被手詔，肝心若裂。東海王越得以宗臣遂執朝政，委任邪佞，寵樹姦黨。至使前長史潘滔、從事中郎畢邈、主簿郭象等操弄天權，刑賞由己。……」《世說新語·賞譽》：「郭象字子玄，自黃門郎為太傅主簿，任事用勢，傾動一府。」根據這些材料，可以看出，郭象雖為玄學清談大師，但他不但熱心追求名譽和權勢，而且運用其權勢作威作福。魏晉名士口談「玄遠」，自許「放達」，然往往是名利場中人，其言行不一若是，實為當時之世風。如嵇康、阮籍、陶淵明諸人確為鳳毛麟角。至於郭象為何不就州郡之辟召，當是待價而沽，後應朝廷之召辟而出，且遷升很快，由司徒掾而黃門侍郎，後東海王越當政，又引為太傅主簿。據史載，東海王越是西晉朝政混亂之罪魁禍首，「越專擅威權，圖為霸業，朝賢素望，選為佐吏：名將勁卒，充於己府，……四海所知」云云。郭象在東海王越手下頗受重用，「操弄大權，刑賞由己」，「傾動一府」。由此可見，對郭象的為人評論很差。曾有一種觀點認為，社會政治聲譽不好的人，在哲學思想上也不可能有很大成就。然統觀歷史，此或為腐儒之見解，左傾教條之認識。當然，具有極高尚人格哲學家，能為世人之模範，而這在歷史上是很少見的。哲學與政治自然有關，

但哲學並不等於政治，而且也不必然從屬於政治。因此，有的哲學家在哲學上或甚高明為世所重視，而在政治上則幼稚、糊塗，甚至可以是爭名奪利者，這種情況在中外歷史上屢見不鮮。何況，郭象的哲學本來就是主張既可「戴黃屋，佩玉璽」，而又可「心無異於山林之中」呢？魏晉玄學家又多為世族出身，更不足怪，《顏氏家訓》中說：

> 夫老、莊之書，蓋全真養性，不肯以物累己也。故藏名柱史，終踏流沙；匿跡漆園，卒辭楚相，此任縱之徒耳。何晏、王弼，祖述玄宗，遞相誇尚，景附草靡，皆以農、黃之化，在乎己身，周、孔之業，棄之度外。而平叔以黨曹爽見誅，觸死權之網也；輔嗣以多笑人被疾，陷好勝之阱也；山巨源以蓄積取譏，背多藏厚亡之文也；夏侯玄以才望被戮，無支離臃腫之鑒也；荀奉倩喪妻，神傷而卒，非鼓缶之情也；王夷甫悼子，悲不自勝，異東門之達也；嵇叔夜排俗取禍，豈和光同塵之流也；郭子玄以傾動專勢，寧後身外己之風也；阮嗣宗沈酒荒迷，乖畏途相誡之譬也；謝幼輿贓賄黜削，違棄其餘魚之旨也：彼諸人者，並其領袖，玄宗所歸。

顏之推這段話並非公允之談，且是站在傳統儒家立場來批評諸玄學家，其中對嵇康、阮籍等的批評更是偏頗之辭，茲不論。但是，當時不少玄學家，如何晏、王弼、郭象等等無疑在哲學理論的創建上和對中國哲學發展的貢獻上都堪稱一流，而在人品方面卻不為時人所稱許。

　　據《晉書》本傳，郭象除有《莊子注》外，尚著有《碑論》十

二篇，早已亡失。《文選》卷五十四劉孝標〈辯命論〉中說：「肖遠論其本，而不暢其流；子玄語其流，而未詳其本。」李善注謂：「李肖遠作〈運命論〉，言治亂在天，故曰論其本。郭子玄作〈致命由己論〉，言吉凶由己，故曰語其流。」此〈致命由己論〉亦早已佚失。《隋書·經籍志》著錄有《太傅（脫「主簿」二字）郭象集》二卷，注云：「梁有五卷，錄一卷，亡。」《舊唐書·經籍志》仍五卷。在《隋書·經籍志》和《新唐書·藝文志》中都著錄有郭象之《論語體略》，此或如王弼之〈老子指略〉和《周易略例》者。又《隋書·經籍志》尚著錄有郭象的《論語隱》，此或如王弼之《論語釋疑》者乎？江熙《論語集解》敘《論語》十三家，郭象為其中一家，可見《論語體略》是一家之言，在東晉時為人所重視。皇侃《論語義疏》引有郭象注數條（據馬國翰《玉函山房輯佚書》），與郭象《莊子注》思想很一致，如「子曰：禹吾無間然矣」條，郭象注說：

> 舜、禹相承，雖三聖故一堯耳。天下化成，則功美漸去，其所因循，常事而已。故史籍無所稱，仲尼不能間，故曰：禹吾無間然矣。

這段話和《莊子·天地》中的一段注大體相同，其文如下：

> 夫禹時三聖相承，治成德備，功美漸去，故史籍無所載，仲尼不能閒，是以雖有天下而不與焉，斯乃有而無之也。故考其時而禹為最優，計其人則雖三聖，故一堯耳。

據《玉函山房輯佚書》所載其餘八條，現錄於下，以便研究者作為

參考。

(1)《論語・為政》第二：「子曰：為政以德，譬如北辰居其所，而眾星共之。」注謂：

> 萬物得性謂之德，夫為政者奚事哉？得萬物之性，故云德而已也。得其性則歸之，失其性則違之。

(2)《論語・為政》第二：「子曰：導之以政，齊之以刑，民免而無恥；導之以德，齊之以禮，有恥且格。」注謂：

> 政者，立常制以正民者也；刑者，興法辟以割物者也。制有常，則可矯；法辟興，則可避。可避則違情而苟免，可矯則去性而從制。從制，外正而內心未服；人懷苟免，則無恥於物，其於化不已薄乎？故曰民免而無恥也。德者，得其性者也；禮者，體其情者也。情有可恥而性有所本，得其性則本至，體其情則知至。知恥則無刑而自齊，本至則無制而自正，是以導之以德，齊之以禮，有恥且格。

按：以上兩條釋「德」為「得其性者也」，此正是郭象哲學之要點，他以「物各有性」立論，而〈天地〉注中說：「任其自得，故謂之德。」「任其自得」者即「任其自得之性」也。又，此二條皆闡釋「以不治治之」之義，此亦為郭象思想之要點。

(3)《論語・述而》第七：「子在齊，聞韶，三月不知肉味，曰：不圖為樂之至於斯也。」注謂：

傷器存而道廢，得有聲而無時。

(4)《論語‧先進》第十一：「顏淵死，子哭之慟。從者曰：子慟矣！子曰：有慟乎？非夫人之為慟而誰為慟？」注謂：

> 人哭亦哭，人慟亦慟，蓋無情者與物化也。

按：〈庚桑楚〉注中說：「無人之情則自然，為天人。」又謂：「今槁木死灰，無情之至，愛惡得失無自而來。」郭象或與何晏同，主「聖人無情」，而與王弼「聖人有情說」不同。

(5)《論語‧憲問》第十四：「子路問君子。子曰：修己以敬。曰：如斯而已乎？……曰：修己以安百姓。修己以安百姓，堯舜其猶病諸！」注謂：

> 夫君子者不能索足，故修己索己。故修己者僅可以內敬其身，外安同己之人耳。豈足安百姓哉？百姓百品，萬國殊風，以不治治之，乃得其極。若欲修己以治之，雖堯舜必病，況君子乎？今堯舜非修之也，萬物自無為而治。若天之自高，地之自厚，日月之明，雲行雨施而已。故能夷暢條達，曲成不遺而無病也。

按：〈齊物論〉注中有：「夫時之賢者為君，才不應世者為臣，若天之自高，地之自卑，首自在上，足自居下，豈有遞哉！雖無錯於當，而必自當也。」這段注是基於「百姓百品」，高下自陳，皆天理自然，故當「以不治治之」， 這正是上引之注所發揮之要旨。又〈天地〉

注中說：「此乃聖王之道，非夫人道也。子貢聞其假修之說而服之，未知純白者之同乎世也。」人之所能與所不能者非假修可得到的，全由其所具有之「自性」，故〈外物〉注說：「性之所能，不得不為也；性所不能，不得強為；故聖人唯莫之制，則同焉皆得而不知所以得也。」

(6)《論語・衛靈公》第十五：「子曰：吾之於人也，誰毀誰譽？如有所譽者，其有所試矣。斯民也，三代之所以直道而行也。」郭象注曰：

> 無心而付之天下者，直道也。有心而使天下從己者，曲法。故直道而行者，毀譽不出於區區之身，善與不善，信之百姓，故曰：吾之於人，誰毀誰譽，如有所譽，必試之斯民也。

(7)《論語・衛靈公》第十五：「吾嘗終日不食，終夜不寢，以思，無益，不如學也。」郭象注說：

> 聖人無詭教，而云不寢不食以思者何也？夫思而後通，習而後能者，百姓皆然也。聖人無事而不與百姓同事，事同則形同。是以見形以為己異，故謂聖人亦必勤思而力學，此百姓之情也。故用其情以教之，則聖人之教因彼以教，彼安容詭哉！

(8)《論語・陽貨》第十七：「孔子曰：諾，吾將仕矣。」郭象注曰：

聖人無心，仕與不仕隨世耳。陽虎勸仕，理無不諾。不能用
我，則無自用，此直道而應者也。然危遜之理，亦在其中也。

按：此言聖人無心，以百姓之心為心，〈天地〉注說：「聖人之道，
即用百姓之心耳。」又〈天下〉注謂：「夫聖人統百姓之大情，而因
為之制，故百姓寄情於所統，而自忘其好惡，故與一世而得淡漠焉。
亂則反之，人恣其近好，家用典法，故國異政，家殊風俗。」蓋謂
聖人自忘其好惡，因百姓之情而教，則天下治。

以上八條之注釋和郭象《莊子注》中的思想完全一致，並有些
字句亦相同，且往往用「寄言出意」的方法以釋之，而使其解釋得
以圓通。

郭象尚有《老子注》，文廷式《補晉書·藝文志》著錄有郭象
《老子注》，並謂：「唐張君相三十家《老子注》有郭（象）劉（仁會）
二家」云云。按，《三十家老子注》即《道德真經注疏》，舊題為「齊
顧歡述」，此書決非顧歡述，是否為張君相「注疏」也很可疑，但
為唐時人的注疏當無疑問（詳見蒙文通〈整理《老子》成玄英疏緣
起〉）。在《三十家老子注》中有郭象注二條：

虛其心，實其腹。郭曰：其惡改進，諸善自生，懷道抱一，
神和內足，實其腹也。
生而不有。郭曰：氤氳合化，庶物從生，顯仁藏用，即有為
跡，功不歸己，故曰不有。

又杜光庭〈道德真經廣聖義序〉中亦著錄有郭象《老子注》，並謂
「河南郭象，字子玄，向秀弟子，魏晉時人」。彭耜《道德經集注

雜說》中說:「廣川董逌《藏書志》云: ……唐道士張道相集注《道德經》七卷,凡三十家,其名存者: 河上公、節解、嚴遵、王弼、何晏、郭象……而道相所集郭象、劉仁會……此十四家不著於志。按《志》稱道相集注四卷,而董所收乃有七卷,恐後人之所增也。」可見宋時董逌或仍見有郭象注。故宋李霖《道德經取善集》中尚存郭象的兩條注解:

> 湛兮似或存。郭象曰: 存,在也。道,湛然安靜,古今不變,終始常一,故曰存,存而無物,故曰似也。
> 谷得一以盈。郭象曰: 谷,川也。谷川得一,故能泉源流潤,溪壑盈滿。

按: 郭象《莊子注》中嘗引《老子》以證己說,但上錄四條是否為郭象的注,當然還應作進一步考證,然目前尚未有足夠之資料,故暫錄於上,以備查用。

郭象的主要著作自然是《莊子注》, 關於《莊子注》的問題將在下一章〈郭象與向秀〉中討論,在這裡只想討論〈莊子序〉的問題。對於〈莊子序〉向有兩種不同看法:一種觀點認為,此序確為郭象所作;另一種觀點認為:「序文開頭一段,批評了莊子的學說,認為遊談乎方外,不能與化為體,此與《莊子注》中對莊子的評論相矛盾。」但是,從《莊子注》中可以看出,郭象在不少地方實際上批評了莊子,此將於本書第四章〈郭象的《莊子注》與莊周的《莊子》〉 中評論。特別是〈莊子序〉中說明了注《莊子》是為了「明內聖外王之道,上知造物無物,下知有物之自造」, 這正是《莊子注》所闡明的主旨。還有學者認為: 郭象〈莊子序〉是《莊子》的

序，而不是《莊子注》的序，並認為在古抄卷子本的《莊子注》全文之末「以貽好事也」之後，所有的一大段，才是〈莊子注序〉。照我看，這個看法也是沒有什麼根據的。蓋魏晉時，有些注解前面也有序，其序就是其注的序，例如張湛的《列子注》前的〈序〉，就是《列子注》的〈序〉，但它標為〈列子序〉。正是這篇〈列子序〉集中地表達了張湛的哲學思想，此可參見本書第十二章〈郭象與張湛〉。王叔岷《郭象莊子注校記》認為《莊子注》末所附的一段是《莊子注》的「後記」，或更為合理。現據王叔岷《郭象莊子注校記》文錄於後，並略為解說：

夫學者尚以成性易知為德，不以能政異端為貴也（按：武內義雄云：政乃攻字之訛）。然莊子曠才命世，誠多英文偉詞，正言若反，故一曲之士，不能暢其弘旨，而妄竄奇說，若〈閼亦〉（武內云：〈閼亦〉，《釋文》作〈閼弈〉，《困學紀聞》所輯《莊子》佚文中，有「閼弈之隸，與殷翼之孫，遏氏之子相謀」一條，《文選》顏延之〈車駕幸京口侍從蒜山詩〉注引之，當是〈閼弈〉篇首之語）、〈意循〉之首，〈尾言〉（武內云：《釋文》作〈危言〉。〈寓言篇〉，寓言、重言、卮言並說。據郭本〈寓言篇〉，則〈危言〉及〈尾言〉皆〈卮言〉之誤）、〈游易〉（武內云：〈游易〉，《釋文》作〈游鳧〉。《困學紀聞》所輯《莊子》佚文有「游鳧問雄黃」一條，《太平御覽》引，當是〈游鳧〉篇首之語）、〈子胥〉之篇，凡諸巧雜，若此之類，十分有三。或牽之令近，或迂之令誕，或似《山海經》，或似《夢書》（王叔岷按：《釋文・序錄》似作類，當從之。武內云：《夢書》，《釋文》作《占夢書》），或出《淮南》，或

辯形名。而參之高韻，龍蛇並御，且辭氣鄙背，竟無深澳，而徒難知，以因後蒙（武內云：因乃困之譌），令沉滯失乎流，豈所求莊子之意哉？故皆略而不存。令唯哉取其長達（武內云：令唯哉，乃今唯裁之譌），致全乎大體者，為三十三篇者（武內云：者乃焉字之誤）。太史公曰：莊子者，名周，守蒙縣人也（武內云：守乃宋字之譌）。曾為漆園史（王叔岷按：《史記》本傳，《釋文·序錄》，史並作吏），與魏惠、齊王、楚威王同時（狩野直喜云：魏惠下脫王字。武內云：齊王，當作齊宣王）。（以上據王叔岷《郭象莊子注校記》，有所刪節）

王叔岷《郭象莊子注校記》有「案語」謂：

右「夫學者」以下二百二字，見《古鈔卷子本》，他本無之，最為可貴。《釋文·序錄》引郭子玄云：「一曲之才，妄竄奇說，若〈閼弈〉、〈意循〉之首，〈危言〉、〈游鳧〉、〈子胥〉三篇，凡諸巧雜，十分有三。」武內義雄據之以斷此文郭象附於書末目錄之序。狩野直喜據之以斷文為郭象後語，自述其刊芟《莊子》，輯為三十三篇之意。岷謂此二百二字，措辭草率，不似一完整之序，當是郭象注《莊子》畢，偶記於篇末者。至其注《莊子》大旨，則篇首之序，已盡之矣。

王叔岷所論甚當。據《漢書·藝文志》知《莊子》本為五十二篇。《經典釋文·序錄》謂，司馬彪、孟氏之注本亦為五十二篇，且從今本《莊子》看，其「內篇」與「外篇」、「雜篇」所包含之思想也

並不一致，許多學者認為「內篇」或為莊子本人之作，而「外篇」、
「雜篇」或為莊子後學（或莊子一派）所作。郭象刪去原本若干篇，
存三十三篇，意在把一些「辭氣鄙背，竟無深澳」而不類莊子思想
的諸篇刊芟，以便更集中的闡釋莊子的思想。蓋先秦古籍，至漢多
散亂，後經劉向整理，作有《序錄》，班固據之以成《漢書・藝文
志》，故知先秦古籍多經漢人整理而成，並非盡存舊籍原貌也。今
本《列子》有些段落與《莊子》同，可證。故此「古鈔本」後之文，
或正如狩野直喜說，此文當是郭象「自述刊芟《莊子》，輯為三十
三篇之意」，實為《莊子注》之「後記」也。又，王叔岷《郭象莊
子注校記》之「附錄」，輯有郭象《莊子注》之佚文，可參考，於
茲不錄。

第二章　郭象與向秀

　　郭象和向秀都是重要的玄學家，都注有《莊子》，但對今本郭象《莊子注》向來有兩種說法：一種說法認為，這部注是郭象剽竊向秀的；另一種說法認為，是郭象在向秀注的基礎上發揮而成的。前一種說法主要是根據《世說新語·文學》中的一段話：

> 初，注《莊子》者數十家，莫能究其旨要。向秀於舊注外為《解義》，妙析奇致，大暢玄風。唯〈秋水〉、〈至樂〉二篇未竟，而秀卒。秀子幼，《義》遂零落，然猶有別本。郭象者，為人薄行，有儁才，見秀《義》不傳於世，遂竊以為己注，乃自注〈秋水〉、〈至樂〉二篇，又易〈馬蹄〉一篇，其餘眾篇或點定文句而已。後秀《義》別本出，故今有向、郭二《莊》，其義一也。

《晉書·郭象傳》與《世說新語·文學》同，當出於《世說新語》。以後歷代學者多認為郭象注是抄襲向秀注：如唐崔致遠的《法藏和尚傳》，宋以後則有高似孫《子略》、王應麟《困學紀聞》、焦竑《筆乘》、胡應麟《四部正譌》、謝肇淛《文海披沙》、陳繼如《續狂夫之言》、劉宗周《人譜類記》、顧炎武《日知錄》、《四庫全書總目提

要》以及近人楊明照《郭象「莊子注」是否竊自向秀檢討》、壽普暄《由「經典釋文」試探「莊子」古本》等等。以上各家所論主要根據均為《世說新語》。後一種說法主要根據則為《晉書・向秀傳》：

> 莊周著內外數十篇，歷世才士雖有觀者，莫適論其旨統。秀乃為之隱解，發明奇趣，振起玄風，讀之者超然心悟，莫不自足一時也。惠帝之世，郭象又述而廣之，儒墨之跡見鄙，道家之言遂盛焉！

根據這段材料，對郭象注竊取向秀說有疑者有：錢曾《讀書敏求記》、王先謙《莊子集解》、吳承仕《「經典釋文」序錄疏證》、劉盼遂《世說新語校箋》、王叔岷之〈莊子向郭注異同〉（載《莊學管闚》）以及馮友蘭《中國哲學史新編》（第四冊）等等。

　　上面的兩種說法雖有不同，但也有一致的地方：向秀的《莊子注》在當時的影響是空前的，大大推動了玄學的發展；郭象的《莊子注》對向注，無論是「竊以為己注」，還是「述而廣之」，都說明郭注曾深受向注影響，且多取之向注；從「易〈馬蹄〉一篇」和「述而廣之」看，又可說明郭注在某些方面有所不同。據《世說新語》郭注應與向注沒有什麼不同，據〈向秀傳〉則郭注或對向注有所發展，且有所不同，那麼到底哪一種看法比較符合實際呢？下面讓我們根據史料作些探討。

　　自晉到唐，向秀和郭象的《莊子注》都是兩本並存。據上引《世說新語》（《晉書・郭象傳》同）所說，「其後秀《義》別本出，故今有向、郭二《莊》，其義一也」，如果二注真的一樣，郭象不過「點定文句」，而向、郭二《莊》，自晉至唐三百餘年，竟能長期並存，

大概是不大可能的。只有兩注有所不同，長期得以並存，才較為合理。我們從《世說新語》中關於向、郭《莊子注》的其他記載或亦可看出一些問題：

⑴「秀將注《莊子》，先以告（嵇）康、（孫）安，……及成，示二子」云云，這說明向秀注《莊子》是在嵇康被殺（西元262年）之前。故向秀注當屬竹林時期。

⑵「秀本傳或言，秀遊託數賢，蕭屑卒歲，都無注述，唯好《莊子》，聊應崔譔所注，以備遺忘云」（《世說新語・文學》注）。這說明，向秀注也是在崔譔注基礎上發展而成的，只是向秀的《隱解》更富有玄學精神，故「妙析奇致，大暢玄風」。這樣的情況和《晉書・向秀傳》所說郭象在向注基礎上「述而廣之」，致使「儒墨之跡見鄙，道家之言遂盛」，比較相近。蓋魏晉人注書，常常都是把前人或同時代人的見解吸收在自己的注解之中。

⑶「向子期、郭子玄逍遙義曰：……」云云，劉孝標所見之向、郭「逍遙義」是相同的，而與支遁義異。這說明郭象確實吸收了向秀的許多見解。

⑷注引《文士傳》（東晉張隱作，見《隋志》五十卷）「象作《莊子注》，最有清辭遒旨」，又「殷中軍問自然無心於稟受」條注引郭象《莊子・齊物論》「天籟者吹萬不同」句注。可見張隱、劉孝標等所見《莊子注》就有向、郭兩本並存，所謂郭象把向秀注「竊以為己注」，在當時也難成立。

如果我們從其他書引用向、郭二注的情況看，將可進一步說明郭象注對向秀注是「述而廣之」。東晉張湛《列子注》，梁陶弘景《養生延命錄》，唐陸德明《經典釋文》，李善《文選注》等，都分別說明所引用的《莊子注》，哪些是向秀的注，哪些是郭象的注。又東

晉羅含《更生論》引向秀《莊子注》一條。而元康《肇論疏》序中有一句：「郭象注云：所以序別內外也。」

張湛《列子注》大約作於東晉中期，距郭象逝世不過幾十年，其時向、郭二注尚同時流行，其中引向秀注四十餘條，郭象注二十餘條。《養生延命錄》引向注四條，郭注一條。《經典釋文》主要根據郭象注本，但也引用向秀注六七十條。《文選》李善注引用向秀注只有幾條，卻大量引用郭象注。這些情況可以說明，從東晉到唐初，向、郭二本一直同樣流行，唐以後郭象注才比向秀注流行更廣，再後向注失傳。這點可以從唐朝各種「音義」、「音訓」的書得到證明，例如慧琳《一切經音義》引書甚多，只用郭象《莊子注》，　未引向秀《莊子注》。唐末新羅學士崔致遠《法藏和尚傳》，在說到法藏的《新經音義》（即《新翻華嚴經梵語音義》）時說：「《新經音義》不見東流，唯有弟子慧苑《音義》兩卷，或者向秀之注《南華》，後傳郭象之名乎？」　至唐末，向秀注本大概已經散失了。把上述各書所引郭象注和今本郭象注對照，除少數例外，大都完全相同。這說明，今本郭象注就是晉至唐時向、郭二《莊》同時並存的郭象注。問題是郭象注和向秀注究竟有什麼關係？

我們把上述各書所引用向秀《莊子注》與今本郭象《莊子注》相對照，確有很多相同的地方，這說明郭象大量地利用了向秀的注，但也可以看出兩者之間有些重要的不同。

首先，《經典釋文·序錄》明確說：「向秀注二十卷，二十六篇」，並在注中說：「亦作二十七篇，亦作二十八篇。亦無雜篇，為音三卷。」據此，向秀注本要比郭象注本少五、六篇或七篇，故《世說新語》所說郭象自注僅〈秋水〉等三篇或有誤。

其次，上述各書引用二家注時，多分別引用，有時則兩注並存。

例如張湛《列子注》引向秀注「鯢桓之審淵」句是：「夫水流之與止，鯢旋之與龍躍，常淵然自若，未始失其靜默也。」接著又引郭象注：「夫至人用之則行，捨之則止。雖波流九變，治亂紛紜，若居其極者，常澹然自得，泊乎無為也。」（〈黃帝〉）而今本《莊子》郭象注恰好是這兩段合在一起，可見郭象在抄錄向秀注後，又加上了他自己的話，使向注得到了引申和發揮，這就不僅是「點定文句」，而是「述而廣之」了。這種情況在其他三書的引文中也同樣存在。

第三、有些地方所引向注與今本郭注則不很相同。如《經典釋文》所引向秀對〈胠篋〉「聖人已死則大盜不起」等句的注，就和今本郭注很不相同。向秀是從「變化日新」來解釋，他說：「事業日新，新者為生，故者為死，故曰聖人已死也。乘天地之正，御日新之變，得實而損其名，歸真而忘其途，則大盜息矣。」郭象則是用「獨化」的思想來解釋，他說：「竭川非以虛谷而虛谷，夷丘非以實淵而實淵，絕聖非以止而盜止，故止盜在去欲，不在彰聖知。」但「獨化」這一概念在各書所引向秀注則不見，僅《列子注》中引有向秀一句「唯無心者獨運耳」，或者後來郭象把「獨運」發展為「獨化」。

第四、郭象注不僅許多地方採用向秀注，而且也採用了崔譔注和司馬彪注。〈人間世〉的解題全抄自司馬彪，有些地方郭象採用司馬彪注，而不用向秀注，如對「罔兩」的解釋。《經典釋文》「罔兩」向、郭二注並存，「郭云：景外之微陰也。向云：景之景也。」據《文選》卷十四中有李善注謂：「郭象為罔兩，司馬彪為罔閬。罔閬，景外之重陰也。」又《經典釋文》「翛然」引向秀注為「自然無心而自爾」，又引郭象與崔譔注為「往來不難之貌」，此處郭象用崔注，而不用向注。可見郭象注《莊子》，對前人舊注之採用有所選

擇，因此可以說郭象《莊子注》在一定程度上是「集注」。

上面所舉向、郭二注的種種不同，但還難以說明上面提出的問題。如果能從今本郭象注中發現與上述諸書所引的向秀注在觀點上有重要不同，這樣才可以比較充分地說明問題。那麼是否有這樣的材料呢？無疑是有的。下面我們將著重討論這個問題。

今本郭象《莊子注》的基本思想，在〈莊子序〉中對它作了明確而精確的概括。儘管目前對此序是否為郭象所作尚存在爭論，但它概括地說出了這部注的基本思想，大概是不會有異議的。序中說這部注包含兩個重要思想，一是「明內聖外王之道」；另一是論證「上知造物無物，下知有物之自造」。前者是郭象對社會問題的總看法，或者說是解決「自然」與「名教」關係的總命題；後者是他對宇宙的總看法，或者說是解決「有」和「無」關係的根本思想。通觀郭象的《莊子注》就是圍繞著這兩個基本觀點展開的。但各書所引向秀《莊子注》卻有與上述兩觀點不甚相合者。《列子・天瑞》「故生物者不生，化物者不化」句，張湛注說：

> 《莊子》亦有此言。向秀注曰：吾之生也，非吾之所生，則生自生耳。生生者豈有物哉？（無物也，）故不生也。吾之所化，非物之所化，則化自化耳。化化者豈有物哉？無物也，故不化焉。若使生物者亦生，化物者亦化，亦奚異於物？明夫不生不化者，然後能為生化之本也。

向秀這段注大概是注《莊子・大宗師》「生生者不生，其為物也，無不將也，無不迎也，無不毀也，無不成也。……」的。這裡郭象未採用向秀的注，而是用「上知造物無物，下知有物之自造」的觀

點來解釋「生生」、「化化」。郭象注說:「任其自將, 故無不將; 任
其自迎, 故無不迎」,「任其自毀, 故無不毀」,「任其自成, 故無不
成」, 就是明證。《世說新語》注引郭象注《莊子·齊物論》「天籟
者吹萬不同」句 (今本郭注同) 謂:

> 郭子玄注曰: 無既無矣, 則不能生有; 有之未生, 又不能為
> 生。然則生生者誰哉? 塊然而自生耳。自生耳, 非我生也。
> 我既不能生物, 物亦不能生我, 則我自然矣。自己而然, 則
> 謂之天然。天然耳, 非為也, 故以天言之。以天言之所以明
> 其自然也。

這裡郭象用「自生」的觀點否定有一「生有」者, 顯然是郭象所要
闡述的根本思想。從上面抄錄《列子注》引用向秀那段話看, 他還
未能全然擺脫王弼、何晏「貴無」思想的影響, 雖然認為「物」是
「生自生」、「化自化」的, 但在「生自生」、「化自化」之外, 仍有
一不生不化的「生化之本」。郭象不僅否認「無」能生「有」, 而且
從原則上也否認任何東西可以是產生天地萬物的造物主, 因此他說:
「萬物萬情, 趣舍不同, 若有真宰使之然也。起索真宰之朕迹, 而
亦終不得, 則明物皆自然, 無使物然也。」(〈齊物論〉注) 又說:
「任其自生, 而不生生。」(同上) 在張湛《列子注》中, 還引有向
秀對〈達生〉「奚足以至乎先是色而已」句注:

> 同是形色之物耳, 未足以相先也。以相先者, 唯自然也。

今本郭注刪去了上引文中的「以相先者, 唯自然也」一句。刪去這

句和留下這句的意思就大不相同了。因為「貴無」派玄學家往往把
「自然」和「道」、「無」同樣看待，即認為「自然」是先於萬物而
且是產生萬物的「生物之本」， 或謂是萬物存在的根據。例如和何
晏、王弼同時的玄學家夏侯玄說：「天地以自然運，聖人以自然用。
自然者，道也。道本無名，故老氏強為之名。」王弼注《老子》「道
法自然」句說：「自然者，無稱之言，窮極之辭也。」這裡，王弼也
和夏侯玄一樣，把「自然」解釋為先於天地萬物的無以名狀的存在。
向秀的注，以為先於天地萬物而存在的是「自然」， 不管他對「自
然」作怎樣的解釋，這種承認「相先」的觀點，仍然表明他沒有擺
脫「貴無」思想的影響。而在郭象的注中則找不到「貴無」派「相
先」思想影響的痕跡。而且郭象明確否認在天地萬物之先尚有任何
先於天地萬物的存在，從而堵塞了通向承認「造物主」的道路，如
他說：

> 誰得先物者乎哉？吾以陰陽為先物，而陰陽者即所謂物耳。
> 誰又先陰陽者乎？吾以自然為先之，而自然即物之自爾耳。
> 吾以至道為先之矣，而至道者乃至無也。既以無矣，又奚為
> 先？然則先物者誰乎哉？而猶有物，無已，明物之自然，非
> 有使然也。（〈知北遊〉注）

這段話裡表明，確有以「自然」為先物的存在者，故有「以自然為
先」之說。郭象否認有「先物者」，並給「自然」下了明確的定義：
「非有使然」，即「物之自爾」，這個觀點也是貫穿在整個他的《莊子
注》中。如〈逍遙遊〉注中說：「自然者，不為而自然者也。」〈大宗
師〉注中也說：「人皆自然，則治亂成敗、遇與不遇，非人為也，

皆自然耳。」 像這種觀點在郭象《莊子注》中比比皆是，這裡不去一一列舉了。

郭象和向秀在這個問題上的不同觀點，至少可說明兩點：

一是，郭象儘管採用了向秀的注，但他是按照他自己思想體系的需要而有所選擇，凡不合「上知造物無物，下知有物之自造」的思想都在排除之列。因此，郭象的注只能是對向秀的注的「述而廣之」，不可能是把向注「竊以為己注」。

二是，郭象與向秀由於上述觀點的不同，還說明了一個重要問題，即竹林時期向秀的思想正是正始時期王弼「貴無」向元康時期郭象「崇有」的過渡。如果依照這個發展線索來研究魏晉玄學發展的內在思想邏輯，將能比較清楚地說明許多問題。有學者認為玄學的發展，竹林時期與正始時期是一個時期，不必分為兩個時期，這是沒有仔細分析竹林時期的思想家的思想特點，從而也就不能清楚地勾畫出玄學發展的內在思想邏輯。

「內聖外王之道」幾乎是所有魏晉玄學家都從不同方面討論的重要問題。但是，郭象《莊子注》卻有他的特殊看法，即「聖人常遊外以弘內」的新思想，向秀不僅沒有這種思想，而且與郭象的看法很不相同。

向秀除注《莊子》外，並作有〈儒道論〉一文，但已散失，還注過《周易》， 也已佚失，不過馬國翰《玉函山房輯佚書》裡輯有數條，但看不出有什麼重要的思想。而另有〈難養生論〉一文則比較重要，見於《嵇中散集》中，因為這篇文章涉及到當時人們所注意的「名教」和「自然」的關係問題，也就是前面所說的「內聖外王之道」的問題。對於所謂「自然」， 魏晉玄學家儘管有不同的解釋，但從根本上說都把它看成是與「名教」相對的概念，並用種種

不同的觀點來解釋他們兩者之間的關係。

　　嵇康作〈養生論〉，以為「神仙稟之自然，非積學所致，至於導養得理，以盡性命，若安期、彭祖之倫，可以善求而得之」（嵇喜〈嵇康傳〉，《文選》李善注引）。因而嵇康認為，「調節嗜欲，全息正氣」，即可長生。向秀作〈難養生論〉，表示不同意嵇康的觀點。他認為，人們的「求食」、「思室」等等是「自然之理」，不應抑制；為了求長生而抑制這些「自然之理」是「悖情失性」、「不本天理」，不僅做不到，而且會使生活失去其意義。所以在他批判了違反人的自然本性以求長生的種種做法之後，說：「長生且猶無歡，況以短生守之耶？」那麼如何既能順應人的自然本性，又使社會不致陷於混亂呢？向秀認為，只須對人們天生的欲望要求「節之以禮」就可以了。向秀這個觀點在當時「越名教而任自然」廣泛流行的情況下，是一種企圖調和「名教」與「自然」矛盾的觀點，謝靈運〈辨宗論〉中說：「向子期以儒道為一」，或此之謂也。

　　從原則上說，嵇康、阮籍與王弼、何晏一樣也是把「自然」看成比「名教」更根本，而「名教」為「自然」所出。然而嵇康、阮籍並沒有得出和王弼、何晏相同的結論。如果說王弼、何晏認為「名教」應當而且必然反映「自然」，故可「不廢名教而任自然」；那麼嵇康、阮籍則認為「名教」並非必然反映「自然」，故應「越名教而任自然」。

　　嵇康、阮籍這種對待現實社會的態度，以及對「名教」與「自然」關係的看法，在當時影響是很大的。向秀作為竹林七賢之一，並且和嵇康有著密切的關係，他們在思想上自然有許多共同之點。然而由於他們所處的具體環境和個人性格的不同，在思想上也就有著很大差異。嵇康對現實不滿，具有強烈的反抗性，所以他並不想

調和「名教」和「自然」的矛盾。向秀雖也不滿現實，但他卻有很大的妥協性，故企圖調和「名教」與「自然」的矛盾。據《晉書》本傳記載：「康既被誅，秀應本郡計入洛，文帝曰：聞有箕山之志，何以在此？秀曰：以為巢、許狷介之士，未達堯心，豈足多慕。」這裡反映了向秀和嵇康的不同人生態度，也表現了向秀和郭象思想上的不同。

向秀也認為「自然」是根本的，而「名教」和其他事物是派生的，「同是形色之物，未足以相先。以相先者，唯自然耳。」甚至有時他也提倡「越名教而任自然」，他說「任自然而覆載，則名利之飾皆為棄物」，「棄人事之近物也」（《列子注》引）。儘管如此，但向秀的基本態度則是要調和「名教」和「自然」的。向秀對「自然」作了與王弼、何晏甚至嵇康、阮籍都不相同的解釋，在〈難養生論〉中，他說：

> 有生則有情，稱情則自然，若絕而外之，則與無生同。何貴於有生哉？且夫嗜欲，好榮惡辱，好逸惡勞，皆生於自然。夫天地之大德曰生，聖人之大寶曰位，崇高莫大於富貴。然富貴，天地之情也。貴則人順己以行義於天下，富則所欲得以有財聚人，此皆先王所重，關之自然，不得相外也。又曰：富與貴，是人之所欲也。但當求之以道義。

又說：

> 夫人含五行而生，口思五味，目思五色，感而思室，飢而求食，自然之理也。當節之以禮耳。

且生之為樂，以恩愛相接。天理人倫，燕婉娛心，榮華悅志。
服饗滋味，以宣五情。納御聲色，以達性氣。此天理之自然，
人之所宜，三王所不易也。

《列子注》引向秀語：

夫實由文顯，道以事彰。有道而無事，猶有雌而無雄耳。

從上引文可知：

第一、向秀把人的一些自然本能（「求食」、「思室」等）和社
會生活中的一些要求（「榮華」、「富貴」等）都看成是「自然之理」，
它們都不是外在於人的。因而，向秀雖沒有否定有一不生不化的「生
化之本」，而他對所謂「自然」概念涵義的解釋顯然與王弼、何晏
等把「自然」解釋為天地萬物之本體有所不同了。

第二、所謂「任自然」就是包含著對「食色」、「富貴」等等要
求的滿足，「稱情則自然」，而不應有意抑制這些要求，從這點說又
和嵇康的思想相左。在嵇康的〈養生論〉中說：

修性以保神，安心以全身，愛憎不棲於情，憂喜不留於意，
泊然無感，而體氣和平。又呼吸吐納，服食養生，使形神相
親、表裡俱濟也。
清虛靜泰，少私寡欲。……外物以累心不存，神氣以醇白獨
著，曠然無憂患，寂然無思慮，又守之以一，養之以和，和
理日濟，同乎大順。然後蒸以靈芝，潤以醴泉，晞以朝陽，
綏以五弦，無為自得，體妙心玄。忘歡而後樂足，遺生而後

身存。

向秀認為嵇康的這種「養生」理論是一種營營惜生而背自然之理，他批評說：

> 夫人受形於造化，與萬物並存，有生之最靈者也，異於草木。草木不能避風雨，辭斤斧；殊於鳥獸，鳥獸不能遠網羅，而逃寒暑。有動以接物，有智以自輔。此有心之益，有智之功也。若閉而默之，則與無智同，何貴於有智哉！有物則有情，稱情則自然。
>
> 今若捨聖軌而恃區種，離親棄歡，約己苦心，欲積塵露以望山海，恐此功在身後，實不可冀也。縱令勤求，少有所獲，則顧影尸居，與木石為鄰，所謂不病而自灸，無憂而自默，無喪而疏食，無罪而自幽，追虛徼幸，功不答勞，以此養生，未聞其宜。故相如曰：必若長生而不死，雖濟萬世猶不足以喜。言悖情失性，而不本天理也。長生且猶無歡，況以短生守之耶？

由上引文可見嵇康主張，節欲以保神，外物以同大順，食靈芝以求長生；而向秀則主張，順性以益心智，娛志以宣五情，納聲色以達性氣。

第三、向秀認為，使「食色」、「富貴」等「自然之理」得到滿足與「名教」並無矛盾，蓋因這些要求是「三王所不能易」者，只須「節之以禮」、「求之以道義」即可。而「名教」之不可廢，猶如「實由文顯，道以事彰」；如果「任自然」而「非名教」，則如「有雌

無雄」也。所以向秀的「任自然」與王弼等所提倡的「我之所欲為無欲，而民亦無欲而自樸」頗不相同，更和嵇康所鼓吹的「絕五穀，去滋味，寡情欲、抑富貴」大相徑庭了。魏晉玄學家同講「任自然」，但講得如此之不同，這當也是其時思想大解放的一種表現吧！向秀在魏晉玄學中之所以有著重要的地位，和他在新的條件下提出這種對「任自然」的新解釋，以及他調和「名教」與「自然」的新方向是分不開的。這個新解釋顯示了把超越的「自然」逐步拉回到現實界之中。因此，可以說向秀的思想是由「貴無」向「崇有」的過渡。

　　郭象《莊子注》在解釋「名教」與「自然」的關係上可以說又比向秀大大前進一步，它表現了對向秀思想的進一步發展。郭象的《莊子注》不僅認為「名教」與「自然」全無矛盾，而「外王」與「內聖」簡直是一回事了。郭象的這個觀點在《莊子注》中處處可見，而特別集中地反映在〈逍遙遊〉注所說的「夫神人即今所謂聖人」和〈大宗師〉注所說「聖人常遊外以弘內」兩段話中。前一段話說的是，聖人儘管身「在廟堂之上」，「歷山川，同民事」，但他仍然可以是「心無異於山林之中」。後一段話說的是，最能「遊外」的方可以「冥內」，所以聖人是「常遊外以弘內」的，能夠「終日揮形而神氣無變」。這兩段話可以說是郭象對他的「內聖外王之道」的特定的解釋，是他對魏晉玄學的新發展。如果說，向秀的「以儒道為一」還只是把「名教」與「自然」的矛盾看成是可以協調的，在他那裡「自然」仍是「自然」，「名教」仍是「名教」，儒道仍有區別；那麼郭象更為徹底了，他認為「名教」即「自然」，「廟堂」與「山林」無異，真正的「外王」必然也是「內聖」，按「自性」的「有為」即是完美的「無為」，孔教和老莊是一而二、二而一的。關鍵在於能「無心而不自用」（〈人間世〉解題），則「內聖」而「外

王」矣。

郭象這一對「名教」和「自然」關係的看法，在今本《莊子注》非常之多，現略舉若干條以證之，〈逍遙遊〉注中說：

> 若獨亢然立乎高山之頂，非夫人有情於自守，守一家之偏尚，何得專此！此故俗中之一物，而為堯之外臣耳。若以外臣代乎內主，斯有為君之名而無任君之實也。

又說：

> 至遠之所順者更近，而至高之所會者反下也。若乃屬然以獨高為至而不夷乎俗累，斯山谷之士，非無待者也。奚足以語至極而遊無窮哉！

在〈大宗師〉注中說：

> 夫遊外者依內，離人者合俗。

在〈天地〉注中說：

> 聖人未嘗獨異於世，必與世消息，故在皇為皇，在王為王，豈有背俗而用我哉？

在〈秋水〉注中說：

> 天然在內，而天然之所順者在外，故〈大宗師〉曰：知天人
> 之所為者至矣。明內外之分，皆非為也。

把「山林」和「廟堂」等同，「遊內」和「遊外」齊一，「內聖」和
「外王」雖有內外之分，但只有「天然」和「天然之所順」的分別，
實際上都是合乎自然的「非為」。　郭象的這一新思想在上述各書所
引的向秀注中是找不到的，而《文選》李善注兩次引用了郭象《莊
子注》的這個思想，例如卷二十二注引郭象《莊子注》說：

> 所謂塵垢之外，非伏於山林而已。

卷二十六注引郭象《莊子注》說：

> 以方內為桎梏，明所貴在方外，夫遊外者依內。

對比郭象與向秀的觀點，可以看出他們思想的不同，其可注意者至
少有兩點：

第一、郭象儘管是沿著向秀「以儒道為一」的路線所發展的，
但他提出的「遊外弘內」的新理論確與向秀不同，因此說郭象的《莊
子注》是對向秀的《莊子注》是「述而廣之」是合乎實際的。

第二、這個問題又進一步說明，向秀思想是正始王弼、何晏的
「貴無」重「自然」，經向秀的「任自然之理」與「節之以禮」的
調和儒道二家過渡性理論發展到郭象的「廟堂」即「山林」、「名教」
即「自然」的合一論，這可以說是魏晉玄學發展的頂峰。

郭象的《莊子注》無疑在許多地方吸收了向秀的《莊子注》，但

這不是我們要討論之點，我們這裡只是為了說明郭象的《莊子注》
確實在向秀的《莊子注》基礎上有重要發展，以此說郭注是向注的
「述而廣之」。

第三章　郭象與裴頠

　　郭象和裴頠一樣，他們的哲學都被稱為「崇有」，並且都把何晏、王弼的「貴無」作為他們批判的對象。因此，郭象和裴頠在思想上無疑有許多共同之點，但有沒有什麼差異呢？從他們的差異是否可以看到魏晉玄學發展的軌跡呢？這是本章打算討論的問題。

　　裴頠生於西晉武帝泰始三年（西元267年），卒於西晉惠帝永康元年（西元300年），約比郭象晚生六年，早死十二年，他們可以說是生活於相同的時代。據袁宏《名士傳》說，魏晉學術發展可以分為三個時期，即正始時期、竹林時期和中朝時期。在「中朝」時期中所列舉的名士樂廣、王衍等多為西晉元康、元嘉時期的人，而裴頠和郭象大體上也都是這個時期的名士。有學者認為，「竹林時期」和「正始時期」的玄學一樣都是「貴無」派，因此是玄學發展的同一個時期，屬於玄學發展的第一階段；而裴頠的「崇有論」為玄學發展的第二階段；郭象「無無論」則是玄學發展的第三階段，也是玄學發展的最高峰。這種對魏晉玄學發展階段劃分，當然不能說全無道理，但也存在可以商榷的問題。首先，何晏、王弼「貴無」並不要求「越名教」（「廢名教」），而竹林時期的嵇康、阮籍則提出「越名教而任自然」，因此和何、王有著明顯的不同。其次，如果說郭象是「無無論」，那麼裴頠也可以說是「無無論」，在「有」和「無」

的問題上他們沒有多大區別（如據《資治通鑑》卷八十五引〈崇有論〉又當別論）。 第三，從魏晉玄學的發展上看，王、何「貴無」可以引出兩個方向：一是嵇康、阮籍的「越名教而任自然」； 另一是向秀的「以儒道為一」。 而向秀思想中的「當節之以禮」可以發展成為裴頠的「崇名教而抑自然」； 其中的「任自然之理」可以發展為郭象的「不廢名教而任自然」。 所以看來袁宏把魏晉思想分為三期的分法更合乎實際。

　　《世說新語・文學》注引〈晉諸公贊〉說：「頠疾世俗尚虛無之理，故著〈崇有〉二論以析之，才博喻廣，學者不能究。」《晉書・裴頠傳》亦謂：頠作「〈崇有〉之論」。然《三國志・魏志・裴潛傳》注引《惠帝起居注》則說：裴頠「著〈崇有〉、〈貴無〉二論，以矯虛誕之弊，文辭精富，為世名論」。現《晉書》本傳載有〈崇有論〉全文，司馬光《資治通鑑》卷八十二亦節錄有〈崇有論〉， 而文字有所不同，而〈貴無論〉則不見，故有學者認為，裴頠既然反對「貴無」，如何能著〈貴無論〉呢？ 因此認為，《世說新語・文學》注所說「〈崇有〉二論」的「二」字是「之」字之誤，《惠帝起居注》中之「貴無」二字為後人妄加。我認為這個看法也是可以商榷的。如果僅《惠帝起居注》一處如此，或可推論說「貴無」二字為「妄加」，但在孫盛〈老聃非大賢論〉還有如下一段：「昔裴逸民作〈崇有〉、〈貴無〉二論，時談者，或以為不達虛勝之道，或以為矯時流遁者。余以為尚無既失之矣，崇有亦未為得也。……而伯陽以執古之道，以御今之有；逸民欲執今之有，以絕古之風，吾故以為二子者，不達圓化之道，各矜其一方者耳。」（《弘明集》卷五）孫盛，東晉人，距裴頠去時未遠，而且從他的論述看，他當是看到此〈崇有〉、〈貴無〉二論的，因為裴頠主張「崇有」， 所以他作的〈貴無論〉當然

是「不達虛勝之道」的；而其〈崇有論〉自是「以為矯時流遁者」。
因此，說裴注引《惠帝起居注》中的「貴無」二字為後人妄加，似
根據不足。不過由於裴頠的〈貴無論〉已佚，這裡我們也就只能根
據他的〈崇有論〉來討論他的思想了。這裡還必須說明，以下只是
根據《晉書》所載〈崇有論〉來討論裴頠思想，若據《資治通鑑》
卷八十二所節錄之〈崇有論〉，則有更多問題討論，因此非與本章
有關，故不詳論❶。

　　裴頠著〈崇有論〉的目的，無疑是要「疾世俗尚虛無之理」，「矯
虛誕之弊」的。但是，裴頠對「貴無」思想也不是簡單的否定，他
不僅指出老子的「貴無」學說有其意義的一面，而且論及產生這
種思想的原因。裴頠認為，「欲衍情佚」、「擅恣專利」，過分追求物
欲，不僅對自己有害，還會引起社會的爭奪與混亂。〈崇有論〉說：

　　　老子既著五千之文，表摭穢雜之弊，甄舉靜一之義，有以令
　　　人釋然自夷，合於《易》之損、謙、艮、節之旨。❷

但是，裴頠認為，這只是看到問題的一個方面，即「無為」的好處，
可它卻不能算是根本道理，「損、艮之屬，蓋君子之一道，非《易》
之所以為體守本無也」。而「貴無」論者不僅沒有看到這種理論的

❶　關於裴頠《資治通鑑》中〈崇有論〉問題可參見拙作〈裴頠是否著有
　　「貴無論」〉，《學人》第十輯，第345–350頁。

❷　《群書治要》二十九《晉書・百官志》中載，裴頠上書中謂：「人知
　　厥務，各守其所，下無越分之臣，然後治道可隆，頌聲能舉。故稱堯
　　舜勞於求賢，逸於使能。分業既辨，居任得人，無為而治，豈不宜
　　哉?」

片面性，反而把它加以誇大，把它說成是根本道理。於是「貴無」論者由提倡「貴無」，而導致「賤有」，「賤有則必外形，外形則必遺制，遺制則必忽防，忽防則必忘禮。禮制弗存，則無以為政矣。」這就是說，提倡「貴無」的人，從主張「無為」而導致反對「有為」；從崇尚「自然」發展到反對「名教」，以至於使社會風氣敗壞，「故砥礪之風，彌以陵遲，放者因斯，或悖吉凶之禮，而忽容止之表；瀆棄長幼之序，混漫貴賤之級。其甚者至於裸裎，言笑忘宜。」為了維護社會的穩定、上下安寧，裴頠提出，應「居以順仁，守以恭儉，率以忠信，行以敬讓」，即認為必須維護「名教」，這是「聖人為政之由」。由上引〈崇有論〉看，裴頠反對「貴無」，大概是針對「越名教而任自然」所造成的不良社會風氣所發的，是出於一種維護「名教」的社會責任感。郭象的思想顯然並不像裴頠那樣只是為了維護「名教」，而是要為「名教」找一合理的根據，他的主張是「任自然」就是「崇名教」，提倡的是「身在廟堂之上，而心無異於山林之中」，自與裴頠所論不同，茲不詳論。

如果裴頠的〈崇有論〉只如上述所論，那麼它本身並沒有什麼哲學上的意義，他也就不能算是「善言名理」者，而能與王弼這樣的玄學家相匹敵的玄學家了。據《世說新語・文學》載謂：「裴成公（頠）作〈崇有論〉，時人攻難之，莫能折，唯王夷甫（王衍）來，如小屈。時人即以王理難裴，理還復申。」這就是說，由於裴頠的〈崇有論〉和當時流行的「貴無論」大不相同，因此受到很多人的批評，但又無法駁倒他，只有王衍或者可以稍稍使之退讓。又《世說新語・文學》引〈晉諸公贊〉：「樂廣與顧頠清閑欲說理，而頠辭喻豐博，廣自以體虛無，笑而不復言。」可見裴頠於辯名析理上頗有辯才。那麼裴頠在哲學上有什麼貢獻呢？我們能不能認為他是

一位玄學家？他的「崇有」思想與郭象的「崇有」有什麼異同？

我們知道，魏晉玄學討論的主要問題是「有」與「無」的問題，《老子》中論及「有」、「無」關係的主要是第四十章「天下萬物生於有，有生於無」，裴頠在〈崇有論〉中針對這點說：

> 觀老子之書，雖博有所經，而云有生於無，以虛為主，偏立一家之辭，豈有以而然哉！

這表明，從哲學的觀點上看，裴頠主要批評的是老子思想中的「有生於無」的觀點，而「有生於無」正是王弼的「貴無」思想不能自圓其說的方面。王弼要建立「以無為本」的本體論，並且提出「無不可以無明，必因於有」，按照其論體系本身的要求應拋棄「有生於無」這種宇宙構成論的觀點，但王弼體系中沒有解決這個問題，如他的《老子注》第三十四章中說：「萬物皆由道生。」裴頠恰能抓住這點，對「貴無論」進行了批評，可謂甚有洞見。〈崇有論〉的最後一段說：

> 夫至無者，無以能生，故始生者，自生也。自生而必體有，則有遺而生虧矣；生以有為己分，則虛無是有之所謂遺者也。故養既化之有，非無用之所能全也。理既有之眾，非無為之所能循也。

這一段是裴頠對他的「崇有」思想的哲學闡述，其基本思路和郭象的「崇有」思想是一致的。他們都把「無」解釋為「虛無」（即不存在），既然是什麼都沒有，那自然不能產生什麼，所以「存在的」

只能是「自生」的。「自生」這個概念並非裴頠或郭象首先提出，早在王充的《論衡》中已多次使用，如說：「天地合氣，物偶自生」，「夫天地合氣，人偶自生」。「自生」這一概念的引入玄學，當然是針對「貴無論」的「有之為有，恃無以生」的「有生於無」的觀點。但是如果僅僅批評「有生於無」的觀點，那還不能說是完全針對了「貴無論」的問題，故裴頠進一步說：「自生而必體有。」「自生而必體有」這個命題非常重要，從某種意義上說它正是針對著「以無為體」（「以無為本」）而提出的，意謂「萬有」的「自生」是以其自身的存在為根據（本體）。「有」即是其自身存在的根據，在「有」的背後（之外・之上）不再有什麼「無」作為其本體。在〈崇有論〉開頭已經表明了他的基本觀點，他說：「總混群本，宗極之道也」，整個無分別的群有本身就是最根本的「道」，或者說「道」最根本的意思就是指整個無分別的群有本身，並非在「群有」之上還有什麼超越「群有」的「道」。「貴無論」常以「無」說「道」，如謂：「道，無之稱。無不通也，無不由也，況之曰道，寂然無體，不可為象。」（《論語釋疑》）所以「道」乃是超越「萬有」的。不過王弼的哲學其創新方面不是對「有生於無」的論證，而是對「以無為本」的論證，他說：「天下萬物，皆以有為生，有之所始，以無為本。將欲全有，必反於無。」（《老子注》第四十章）「萬有」之所以存在，是因為有「無」作為它存在的根據（本體），如果要成全「有」，就必須了解「有」存在根據之「無」。蓋因只有無規定性之「無」才可以成全一切有規定性之「有」。因此，針對「以無為本」，「自生而必體有」這一命題，既否定「無」的實體意義，又否定「無」的本體意義，可以說包含著「以有為體」的意義。這裡可以說，裴頠這個命題表明「自生」的主體是「有」，也就是說「有」就是物之

性，這樣裴頠的「自生而必體有」就和郭象的「物各有性」相似了。王弼的「以無為本」，把「無」看成是「有」存在的根據，因此他認為，根據本體之「無」而存在的天地萬物都是有道理（有規律）的，所以他說：「物無妄然，必由其理。統之有宗、會之有元，故繁而不亂，眾而不惑。」（《周易略例・明象》）事物的「理」的必然性正在於「統一性」之「無」，離開統一性之「本體」（無），則無從把握事物之必然性（理）。裴頠很可能是針對王弼上述觀點提出：「理之所體，所謂有也。」「理」只是物之理，只能以「有」為其「本體」（體），也就是說「理」不能離開「有」而存在。郭象同樣認為「理」只是物之理，是物自然而然具有的，不是外在於事物的，如他說：「我之生也，非我之所生，……凡所有者，凡所無者，凡所為者，凡所遇者，皆非我也，理自爾耳。」（〈德充符〉注）人的一生所作所為，都是由其所具之「理」所規定的，不是自己可以自由選擇的，這個「理」是自然而然的，不得不然的，所以郭象又稱「理」為「命理」，即事物內在必然性的意思。而這種必然之「理」是以事物的存在為根據的，郭象說：「自然之理，有寄物而常通也。」（〈外物〉注）對於「理」的了解，裴頠和郭象大體也相同。

但是，裴頠的「崇有」和郭象的「崇有」是不是也有不同呢？照我看至少有以下四點顯著的不同：

㈠「有始」與「無始」

裴頠〈崇有論〉中說：「夫至無者，無以能生，故始生者，自生也。」這幾句話中的「夫至無者，無以能生」和郭象的「無則無矣，則不能生有」是一致的。但後面的「故始生者，自生也」，則和郭象思想不相同，後面一句可以說包含兩層意思：其一是說「始

生」只能是「自生」；　其二是說「萬有」有個「始生」的問題。就
後面一點，會令人產生疑問：「萬有」有沒有一個「始生」的問題？
當然，就個別事物說是有個「始生」的問題，但就自然界整體說難
道也有個「始生」問題？在裴頠的〈崇有論〉中至少沒有分清這兩
個問題。而在郭象的《莊子注》中則沒有「萬有」（萬物）始生的
問題，並且他批評了這種「有始」的觀點，〈知北遊〉注中說：

> 誰得先物者乎哉？吾以為陰陽為先物，而陰陽者即所謂物耳。
> 誰又先陰陽者乎？吾以自然為先之，而自然即物之自爾耳。
> 吾以至道為先之矣，而至道者乃至無也。既以無矣，又奚為
> 先？然則先物者誰乎哉？而猶有物，無已，明物之自然，非
> 有使然也。

這裡郭象的意思是說，由於沒有一個先物者，因此推究上去萬物的
存在沒有開始，「猶有物無已」。與此相關，他還提出「常存」的觀
點，他說：「天地常存，乃無未有之時。」天地沒有個開始。這點又
和他對「宇」、「宙」的解釋相關聯，他說：「宇者，有四方上下，
而四方上下未有窮處」，「宙者，有古今之長，而古今之長無極。」
（〈庚桑楚〉注）從理論的圓滿上說「自生」應該是「無始」的，
在這一點上郭象比裴頠似乎高明一層。為什麼裴頠在理論上會發生
這樣的問題？很可能是由於他對「有」這一概念可能包含的兩重意
思沒有分清。如他說「自生而必體有」，　這裡的「有」不應只是指
「個別的物」，而應是指一般意義的「萬有」或「物之全體」；但是
說「生以有為己分」、「虛無是有之所謂遺者」，　這裡的「有」是指
個別事物，因為作為一般意義的「有」或「有之全體」是不能變為

「無」的。然而郭象對這個問題的論說則比較圓滿，他說：「非唯無不得化而為有也，有亦不得化而為無矣。是以夫有之為物，雖千變萬化，而不得一為無也。不得一為無，故自古無未有之時而常存也。」（〈知北遊〉注）郭象這裡的「有」就是「常有」，它是「萬物之總名」，所以郭象不用「始生」這樣的概念。但是，由於郭象對「有」或「物」的兩層意思有時也沒有分清，而在理論上仍有不周全處，這點將在第九章中討論。

㈡「外資」與「獨化」

〈崇有論〉首段中說：「夫品而為族，則所稟有偏；偏無自足，故憑乎外資。」這意思是說，萬物互相區別，而成為不同的類別，因此它們各自所稟受的都有所偏；既然任何一物都各有所偏，因此不能是自足的，這樣就要對其他的事物有所依靠。裴頠的這個觀點也和郭象的理論很不相同。郭象的「獨化論」是以任何事物都是「自足其性」立論的，如他說：「凡得之者，外不資於道，內不由於己，掘然自得而獨化也。」（〈大宗師〉注）事物凡得其自性而存在者，既不靠外在的條件，也不是由自己刻意所能追求的，是沒有什麼道理和原因得以存在，而能獨立自足生生化化的。因為，你要找尋此事物存在的條件，那麼就等於說如果沒有這樣的條件此事物就不存在了，這樣追尋下去是無窮無盡的，當追尋到最後，就會得出「尋則無極，至於無待，則獨化之理明矣」（〈齊物論〉注）。你追尋到最後，能得到的只能說事物的存在是沒有條件和原因，這樣獨化的道理是很明白的。《莊子・天運》有云：「雲者為雨乎？雨者為雲乎？」郭象注謂：「二者不能相為，各自爾也」；「自爾故不可知。」為什麼呢？郭象說：「夫物事之近者，或知其故，然尋其原以至乎極，

則無故而自爾也。自爾則無所稍問其故也，但當順之。」 郭象的這
個認為事物的存在是「無故」的觀點，對於反對目的論是有意義的，
但如果推而極之，認為個體事物的存在是無任何條件的，這就可能
導致神秘主義，而使事物成為不可知之自在之物了。

(三)「無為」與「有為」

裴頠的〈崇有論〉反對「無為」，如他說：「理即有之眾，非無
為之所能循。」 治理社會上的眾人，不是「無為」可以辦得到的。
因此，他主張：「君子必慎所教，班其政刑，一切之務，分宅百姓，
各授四職，能令稟命之者，不肅而安，忽然忘異，其有遷志」云云，
又說：「禮制弗存，則無以為政矣。」這就是說，要以「禮制」治天
下，不能以「不治」（無為）治天下。然而郭象主張「以不治治之」，
如他說：「夫能令天下治，不治天下者也。故堯以不治治之，非治
之而治者也。」（〈逍遙遊〉注）郭象和裴頠為什麼有這樣的不同呢？

蓋因郭象的思想是以「任自然」為基礎，而裴頠的思想則以「崇
名教」為根基。郭象說：「物皆自然，無為之者也」（〈大宗師〉注），
「自然者，不為而自然也」（〈逍遙遊〉注），照郭象看，「無為」就
是讓每個事物都能任其自然之性，這樣社會就能相安無事，所以他
說：「夫無心而任乎自化者應為帝王也。」帝王不應有心而為，而應
「無心」讓萬物自己生生化化。郭象雖仍然主張要「治天下」， 但
應以「無為」來「治天下」， 所以他可以「不廢名教而任自然」。而
裴頠則主張用「禮制」（即「名教」）來「治天下」，因此他要求「為
政」必須「綏理群生」，「訓物垂範」，「崇濟先典，扶明大業」，「以
矯虛誕之弊」。就這點看，裴頠的〈崇有論〉雖討論了「有」、「無」，
「有為」、「無為」等問題，但他只是「善言名理」（《世說新語·語

言》），而尚「不達虛勝之道」（孫盛〈老聃非聖賢論〉）。按：章太炎〈黃中道士緣起〉謂「虛勝」者「虛無貴勝之道」。這就是說：裴頠談「玄」雖已「登堂」，但尚未「入室」也。

㈣「入世」與「超世」

關於什麼樣的人是聖人，或者說什麼樣的人「應為帝王」，裴頠與郭象的觀點也不相同。〈崇有論〉中說：「惟夫用天之道，分地之利，躬其力任，勞而後饗；居以仁順，守以恭儉，率以忠信，行以敬讓；志無盈求，事無過用，乃可濟乎！故大建厥極，綏理群生，訓物垂範，於是乎在，斯則聖人為政之由也。」這就是說，聖人要用「名教」來治理社會，教化老百姓，因此裴頠的「聖人」是「入世」的。而這樣的「聖人」只能「遊於外」，而不能「冥於內」，故還算不上真正的聖人。郭象在〈大宗師〉注中說：「夫理有至極，外內相冥，未有極遊外之致而不冥於內者也，未有能冥於內而不遊於外者也。故聖人常遊外以冥內，無心以順有。」照郭象看，道理之中有最高的道理，最高的道理是能「在廟堂之上」（遊外）而「心無異於山林之中」（冥內）。裴頠「遊外」者也；郭象所追求的是「常遊外以弘內」者也。「內外相冥」者可「即世間而出世間」，他的境界是「超世」的。

根據以上的分析，我們可以說，郭象的思想不僅是對向秀思想的修改和發展，而且也是對裴頠思想的改造和發揮。有謂裴頠崇尚名教，故不應算作玄學家。這種看法當然有一定的道理。但如果我們從另一角度看，「玄學」是討論「本末有無」問題的一種思辨性很強的學問，那麼說裴頠是玄學家亦為不可。這是因為：第一、裴頠的〈崇有論〉也是討論「本末有無」問題的；第二、此論也表明

裴頠確是一運用「辯名析理」之「名理」學家。如果裴頠的〈貴無論〉在，或更可論明他是一玄學家了，而這一點或可說已由《資治通鑑》所載之節錄的〈崇有論〉一段看出。

茲有所附於此者，《資治通鑑》卷八十二所引之〈崇有論〉有多處與《晉書》所載不同，而大多無關宏旨，唯有一處或甚重要。《晉書》中之〈崇有論〉有如下一段：「自生而必體有，則有遺而生虧矣；生以有為己分，則虛無是有之所謂遺者也。」而在《資治通鑑》中則為：「夫萬物之有形者，雖生於無，然生以有為己分，則無是有之所遺者也。」在「然生以有為己分」下有注曰：「物之未生，則有無未分，既而生有，則與無為已分矣。」《資治通鑑》所據不得而知，然司馬光治《資治通鑑》所用之材料當有所據。如果《資治通鑑》所引確為裴頠原文，那麼〈崇有論〉豈不有自相矛盾處？但我想，如果對《資治通鑑》作如下的解釋，似亦可以自圓其說：有形之萬物雖然生於無形（之氣），但存在的事物都是以其具體的存在為其性分（而不是以「無」為其性分），那麼「有」（形之物）產生之後，「無」（形）就是為「有」（形）所拋棄的。「無是有之所遺者」句下，注謂：「遺，棄也。」就「注」來說，亦可解釋為：在有形之物還沒有產生時，「有」（形）和「無」（形）還沒有分別（既然無形與有形還沒有分別，那麼就是「無形」），在「有」（形）產生以後，那麼「有」（形）就與「無」（形）分開了。有形的東西既已存在，它的存在就是由它的性分決定，「無」（形）再不能對它起什麼作用。因此，「夫萬物之有形者，雖生於無」的「無」不可作「虛無」解，而當作「無形」解。如果這裡的「有」和「無」作「有形」、「無形」解，那麼《晉書》中的〈崇有論〉「夫有非有於無非無於無非無於有非有」一段亦或可得而解。馮友蘭《中國哲學史新

編》中說：「『夫有，非有於無，非有。於無，非無於有，非無』。意思是說，有是對無而言（『有於無』），無是對有而言（『無於有』），而且都是就具體事物說的。如果有不是對無而言，『有』就沒有意義（『非有於無，非有』）。如果無不是對有而言，『無』也沒有意義（『非無於有，非無』）。」（第四冊第118頁）我認為馮友蘭先生的解釋是對的，既然這裡的「有」、「無」，「都是就具體事物說的」，那麼把「有」和「無」解釋為「有形」和「無形」就更合理了。如果《資治通鑑》所引是裴頠原文，那麼，他著有〈貴無論〉就更可理解了。

第四章
郭象的《莊子注》與莊周的《莊子》

　　今本《莊子》是由郭象編定的，分為「內篇」、「外篇」和「雜篇」，共三十三篇。看來這三十三篇的思想並不完全一致。因此，對這部書是否成於莊周一人之手，向來就有各種不同意見。這個問題不是一下子可以解決的，也不是本書所需要解決的問題，故存而不論了。為了說明郭象的《莊子注》在思想上和《莊子》書有所不同，這裡我們暫且把《莊子》書都作為莊周（或先秦莊周一派）的著作看待。

　　古今中外對一種書的注解，或是「六經注我」，或是「我注六經」。但作為哲學思想看，往往是「六經注我」更有思想上的價值。《大慧普覺禪師語錄》卷二十二中說：「曾見郭象注《莊子》，識者云：卻是莊子注郭象。」我們可以說郭象注《莊子》是為了發揮他自己的思想。當然，既然是注《莊子》，而不是注別的什麼書，那麼注解總和原書有著千絲萬縷的聯繫，在思想上總有某些一致之處，總有一定的繼承關係。郭象的《莊子注》所討論的問題大都是《莊子》書所討論的問題，其論證方法多與《莊子》書相同，這也不是本章我們要討論的重點。我們要討論的是，郭象的《莊子注》在那

些方面和莊周的《莊子》不同，又為什麼有這樣一些差異。研究郭象的《莊子注》和莊周的《莊子》的不同，將使我們能更好地了解郭象哲學的特點及其意義。

郭象和莊周生活在兩個不同的時代，他們所處的社會地位不同，所代表的階級不同。這樣就決定郭象對《莊子》中所包含的思想必須加以改造，以適應他所處的時代和階級地位的需要，如果說莊周是生活在中國封建專制社會正在形成時期的思想家，那麼郭象則是生活在封建專制社會得到相當程度發展時期的思想家；莊周是一位對現實社會採取激烈批判態度的思想家，郭象則是為現實社會的合理性作論證的思想家。社會生活是非常複雜的，思想理論的作用同樣也是非常複雜的，一種哲學思想在一個時期可以用來否定現實社會，而在另一時期又可用來肯定現實社會，莊周的《莊子》和郭象的《莊子注》大概就起著這樣不同的作用。

我們研究郭象的《莊子注》，首先遇到一個問題，這就是郭象如何看待莊周本人。莊周是否是「聖人」？莊周的人格和思想境界能否和堯、舜、周、孔等「聖人」相比？

「聖人」在中國社會中代表著最高人格的人。而每個時代所理想的最高人格的標準並不相同，甚至同一時代的不同階級、不同集團的人對「聖人」的看法也不相同。魏晉時代居於統治地位的世家大族所理想的最高人格是怎麼樣的呢？能不能像莊周那樣，要求超越現實，否定現實社會，作為一「外內不相及」的「遊方之外者」？又能不能像那些把「仁義」、「禮樂」之類掛在嘴上，僅僅在形式上追求堯、舜、周、孔所作所為的俗儒呢？郭象的回答當然是否定的。照魏晉時期世家大族提倡玄學的思想家看，理想的聖人人格應該是「不廢名教而任自然」的「內聖外王」。用我們的話來說，魏晉時

代理想的聖人人格應該是生活在現實社會中，享受著榮華貴富，又可以超越現實社會，「無心而任自然」。因此，莊周是不能算當時人的最高理想。郭象的〈莊子序〉中有如下一段話：

> 夫莊子者，可謂知本矣，故未始藏其狂言，言雖無會而獨應者也。夫應而非會，則雖當無用；言非物事，則雖高不行；與夫寂然不動，不得已而後起者，固有間矣，斯可謂知無心者也。夫心無為，則隨感而應，應隨其時，言唯謹爾。故與化為體，流萬代而冥物，豈曾設對獨遘而遊談乎方外哉！此其所以不經而為百家之冠也。

這裡郭象一方面對莊子的思想給以充分的肯定，認為莊子對事物的根本道理有深切的認知，因此可以稱得上是「百家之冠」；但另一方面又認為莊子思想還沒有圓通，沒有達到聖人的高度，因為他的思想只是事物根本道理的回應而不能做到融合貫通，所以它「雖高不行」；雖然能超世，「遊談乎方外」，但與「寂然不動，不得已而後起」者仍有相當距離，所以他的著作還達不到「經典」的地步。這就是說，莊周還不了解「內聖」、「外王」本是一回事，「遊外」與「遊內」完全可以相通，因此他的思想雖然高超，但是對社會生活起不了作用。那麼什麼樣的人才是郭象理想的聖人呢？郭象認為，只有孔子才可以稱得上聖人，當然被孔子所推崇的堯、舜等等也是聖人了。不過郭象所推崇的孔子已不是春秋末期的孔丘，而是他所塑造的理想的聖人。

從郭象的《莊子注》全書看，他處處把孔子、堯、舜等等說成是聖人，《莊子·徐无鬼》中說：「(仲尼)曰：丘也聞不言之言矣，

未之嘗言。」郭象的注說：「聖人無言，其所言者，百姓之言耳。」這裡直接把孔子稱為「聖人」。〈漁父〉最後一段謂「道之所在，聖人尊之」云云，郭象注說：

> 此篇言無江海而閒者，能下江海之士也。夫孔子之所放任，豈直漁父而已哉！將周流六虛，旁通無外，蠕動之類，咸得盡其所懷，而窮理致命，固所以為至人之道也。

莊子的話本來是孔子讚美漁父之辭，而郭象的注則在說正因為孔子能如此說漁父，恰恰說明孔子是「能下江海之士」，能「周流六虛，旁通無外」、「窮理致命」的「聖人」。在〈寓言〉中，莊周和惠施都批評孔子，文說：

> 莊子謂惠子曰：孔子行年六十而六十化，始時所是，卒而非之，未知今之所謂是之非五十九非也。

莊周本意謂孔子沒有一定的是非標準，是由於他不能「休乎天均」，不能齊是非，所以老在變來變去，而郭象的注卻與原意不同，他認為正是由於孔子能隨時變化，無心而任物，故「惠子不及聖人之韻遠矣」，謂孔子為「聖人」。又〈徐无鬼〉中，莊周借齧缺與許由的討論謂：

> ……堯聞舜之賢，舉之童土之地，曰：冀得其來之澤，舜舉乎童土之地，年齒長矣，聰明衰矣，而不得休歸，所謂卷婁者也。

郭象的注說：

> 聖人之形不異凡人，故耳目之用衰也。至於精神則始終常全
> 耳。

這條注把舜稱為「聖人」。然而郭象稱道之孔子，並非儒家之孔子，而是老莊化了的孔子，說得確切一些，應該是玄學化了的孔子；所稱道的堯舜，也並非孔子心目中的堯舜，而是道家化的堯舜，確切地說，應是魏晉時代玄學家的理想帝王的化身，即所謂「雖在廟堂之上，然心無異於山林之中」的「聖王」。

　　郭象對莊周既然有這樣的看法，那麼他對《莊子》這部書又如何看呢？在《莊子注》一開頭就表明了他對《莊子》這部書的態度，在〈逍遙遊〉第一條注中說：

> 鵬鯤之實，吾所未詳也。夫莊子之大意，在乎逍遙遊放，無
> 為而自得，故極小大之致以明性分之適。達觀之士，宜要其
> 會歸，而遺其所寄。不足事事曲與生說，自不害其弘旨皆可
> 略之耳。

這段話說明郭象深深地了解莊子所要討論的問題是「逍遙遊放」的問題，但是討論這個問題不能僅從字面了解，應是「宜要其會歸」，就是說應抓住問題的要點。郭象認為哪個問題應是討論的要點呢？照郭象看，所謂「逍遙遊放」所要討論的應是「無為而自得，故極大小之致，以明性分之適」。而這個問題在郭象對〈逍遙遊〉的解

題中就說得更為明確了，他說：

> 夫小大雖殊，而放於自得之場，則物任其性，事稱其能，各
> 當其分，逍遙一也，豈容勝負於其間哉！

這就是說，討論「逍遙遊放」主要應放在「物任其性，事稱其能，各當其分」上。至於什麼是「鵬」、什麼是「鯤」，以及牠們如何如何，就不必去「曲與生說」的解釋了，這就是郭象所謂的應「遺其所寄」和「要其會歸」了。

由於《莊子》書中包含了大量的寓言，虛構了許多歷史人物的故事，用來發揮他自己的思想，特別是莊子往往把自己的思想寄託在對堯、舜、周、孔的否定上，在郭象是不可能完全同意的，因此他既要注《莊子》，順著莊周所討論的問題來發揮自己的思想，就只能用「遺其所寄」、「要其會歸」的辦法了。這樣一來，郭象對《莊子》書中明顯誹毀堯、舜、周、孔的地方就好辦了，他把這些地方說成是莊周假託之辭，是無關弘旨的，可以置而不論，只要按照郭象的意思來解釋其中的道理就可以了。於是郭象在這些地方就可以大作文章，按照他自己的意思來解釋莊子的思想。有些實在不好解釋的地方，郭象可以丟在一邊，而不去討論。

郭象注《莊子》當然有不少思想是和莊子一致的，特別是他像莊子一樣善於用思辨的方法討論問題，因此有時深得莊周之神韻，可是也正是他在注解《莊子》中，發展、修改甚至批評了莊子的某些思想。對郭象與莊子在思想上的不同，這裡不能一一列舉，我想除上引〈逍遙遊〉第一個注中所涉及的兩個問題，即「無為」和「自性」的問題外，尚有兩個有關的問題，即「遊內」與「遊外」和「有」

與「無」的問題，在這四個問題上或者可以說表現了郭象與莊子思想主要的不同。

㈠關於「自性」的問題

　　所謂某一事物的「性」（自性）、「本性」、「性分」等等，在郭象和莊子看來都是指某一事物之所以為某一事物者，也就是某一事物本身所固有的內在素質（天然如此的素質）。《莊子・外物》中說：「人有能遊，且得不遊乎？人而不能遊，且得遊乎？」郭象注說：「性之所能，不得不為也；性所不能，不得強為。」這就是說，「性」和「為」是一對相對立的概念。關於什麼是「性」和什麼是「為」，郭象和莊子的看法大體是一致的。但在某一事物什麼是其「性」，什麼是其「為」，他們的看法就大不相同了。在〈馬蹄〉中，莊子以馬為例說明什麼是馬之「真性」，他說：

　　　　馬，蹄可以踐霜雪，毛可以禦風寒，齕草飲水，翹足而陸，
　　　　此馬之真性也。

接著莊子說，伯樂對馬的種種訓練、裝飾等，都是強加在馬身上的東西，以至於馬因是而死，這是由於違反馬的真性所致。郭象於此處有一段很長的注解，他說：

　　　　夫善御者，將以盡其能也。盡能在於自任，而乃走作馳步，
　　　　求其過能之用，故有不堪而多死焉。若乃任駕驥之力，適遲
　　　　疾之分，雖則足跡接乎八荒之表，而眾馬之性全矣。而或者
　　　　聞任馬之性，乃謂放而不乘；聞無為之風，遂云行不如臥，

何其往而不返哉！斯失乎莊生之旨遠矣。

照郭象看，馬的本性不僅僅像莊子所說那樣只是「齕草飲水，翹足而陸」，而更在於讓人騎乘。善御者只要根據不同的馬的能力去駕御牠，能日行八百的就讓牠日行八百，能跑多遠的就讓牠跑多遠，這叫「盡其能」；而「盡其能」才是任馬之性。如果此馬能日行千里，而不讓牠日行千里，甚至「放而不乘」，那不僅不是「任馬之性」，反而正是「傷性」。於是郭象批評「或者」（惑者）說，這種人認為「任馬之性」，就是「放而不乘」；就像「聞無為之風」，就認為「行不如臥」一樣，是「何其往而不返」，只知其一不知其二了。其實「或者」的看法正是莊子的看法，郭象正是通過批評「或者」而批評了莊周。在〈秋水〉中莊子借北海若的話說道：

> 牛馬四足，是謂天；落馬首，穿牛鼻，是謂人。

「天」就是「天性」，天生如此；「人」是指「人為」，謂人力所強加予的。郭象對上段話的注釋說：

> 人之生也，可不服牛乘馬乎？服牛乘馬，可不穿落之乎？牛馬不辭穿落者，天命之固當也。苟當乎天命，則雖寄之人事，而本在乎天也。

這裡當然可以更加清楚地看到郭象與莊子思想的不同。「天命之謂性」，照郭象看「穿牛鼻」、「落馬首」都是牛馬本性所要求的，它雖然是通過「人為」來實現，但從根本上說仍是牛馬本性所要求的。

這樣一來，郭象就可以把某些由人強加給其他東西的因素說成是其「本性」。由此，郭象當然可以根據他的思想體系的要求來規定人或物之「本性」。

㈡關於「無為」的問題

上面所引用〈馬蹄〉莊子的思想和郭象注的思想，已見他們對「無為」的看法頗不相同。莊子主張「無為」，認為「有為」會傷害事物之本性；郭象則認為，「無為」並不是什麼也不做，而是根據事物本性的要求有所為也是「無為」。〈應帝王〉最後一段有個故事說：

> 南海之帝為儵，北海之帝為忽，中央之帝為渾沌。儵與忽時相與遇於渾沌之地，渾沌待之甚善。儵與忽謀報渾沌之德，曰：「人皆有七竅以視聽食息，此獨無有，嘗試鑿之。」日鑿一竅，七日而渾沌死。

郭象注說：「為者敗之。」表面上看，郭象和莊周一樣，似乎同樣都主張「無為」，其實不然，因為他們對「無為」的解釋不同。〈逍遙遊〉「堯讓天下於許由」一段，照莊子的原意，是肯定「無為」，而否定「有為」。而郭象注中說：

> 若謂拱默乎山林之中，而後得稱無為者，此莊老之談所以見棄於當塗。當塗者自必於有為之域而不反者，斯之由也。

又郭象對〈大宗師〉「芒然彷徨乎塵垢之外，逍遙乎無為之業」注

說：

> 所謂無為之業，非拱默而已；所謂塵垢之外，非伏於山林也。

郭象這樣解釋「無為」， 和莊子的思想是不同的，而和裴頠〈崇有論〉對「無為」的批評頗有相似之處（詳見第三章：〈郭象與裴頠〉）。 照郭象的意思是說，如果「無為」就是「拱默山林」， 那麼「當塗者」就沒有辦法用「無為」， 只好用「有為」了。但是「無為」又是發揮老莊思想的玄學思想所不能少的，因此郭象必須給「無為」以新的解釋，以成全他的玄學體系的要求。

　　郭象對「無為」的新解釋，可以從兩個方面來分析：一是從事物自身方面看，郭象認為，只要是「任性自為」就是「無為」， 或者說「率性而動」就是「無為」；另一是從聖人方面說，只要是「無心而任化」就是「無為」， 或者說「任物之自為」就是「無為」。在〈天道〉的注中，郭象給「無為」下了一個定義，他說：

> 夫無為也，則群才萬品各任其事，而自當其責矣。

這就是說，「無為」的意思就是萬物都各自做它應當做的事，盡它應該盡的責。同篇的注中又說：

> 夫工人無為於刻木而有為於用斧，主上無為於親事而有為於用臣。臣能親事，主能用臣；斧能刻木而工能用斧；各當其能，則天理自然，非有為也。若乃主代臣事，則非主矣；臣秉主用，則非臣矣。故各司其任，則上下咸得而無為之理至

矣。

這段話說明，郭象的「無為」實際上是一種特定的「有為」， 他把「各司其職」的「為」叫作「無為」。而把「不能止乎本性」的「為」和「不用眾之自為，而以己為之」的「為」叫作「有為」。 這樣解釋「無為」自不同於莊周，或近於《老子》和黃老思想。如果和裴頠〈崇有論〉的一段話相對照，我們或者可以說上引「工人無為於刻木」一段可能是由裴頠的思想引申而來。〈崇有論〉有如下一段：

> 心非事也，而制事必由於心，然不可以制事以非事，謂心為
> 無也；匠非器也，而制器必須於匠，然不可以制器以非器，
> 謂匠非有也。

裴頠這段話本來是用來反對「無為」， 而肯定「有為」的，但郭象的「工人無為於刻木」一段不把這種「有為」稱為「有為」而稱為「無為」，且謂「無為位上，有為位下」（〈天地〉注），這正是郭象的高明之處。

　　郭象在討論「無為」問題時，特別著力討論聖人的「無為」問題。照莊子看來，許由高於帝堯，他真正懂得「無為」， 因為他能「不治」而使帝堯去「治天下」， 故「治天下」的帝堯並不真正懂得「無為」的真諦。郭象持不同的看法，他認為帝堯才是真正懂得「無為」的聖王。可是帝堯又確實在「治天下」， 這又應如何解釋呢？照郭象看，帝堯的「治」實是「不治」，其「為」實是「無為」，故曰：「夫治之由乎不治，為之出乎無為也。」因此，「所貴聖王者，非貴其能治也，貴其無為而任其自為也。」（〈逍遙遊〉注）「任物之

自為」則聖人必「無心而順有」。「無心」和「順有」是一個問題的
兩個方面：「無心」是就聖人的主觀境界說的；「順有」是就聖人對
事物的態度說的。只有「無心」才能「順有」； 只要「順有」就是
「無心」。故郭象〈應帝王〉的解題說：「夫無心而任乎自化者，應
為帝王也。」 這是就聖王說的；另處又說： 「各任其自為則性命安
矣。」（〈在宥〉注）這是就萬物自身說的。郭象對「無為」的新解
釋，和莊子對「無為」的舊說法，雖有若干相似之處，但卻更加圓
通，更加能適應「內聖外王之道」的需要了，就其哲學的思辨性說，
與莊子思想相比也毫不遜色。

㈢關於「聖人」的問題

關於最高理想人格的人，在《莊子》書中或名之為「至人」、「神
人」、「真人」等等，但也用「聖人」作為理想人格的人，例如〈逍遙
遊〉中說：「至人無己, 神人無功, 聖人無名」，這裡所說的「至人」、
「神人」、「聖人」都是指能超越外在和自我身心限制的理想人格的
人。因此，在這裡我們就用「聖人」這一名稱來代表莊子所理想的
具有最高人格的人，也代表郭象所理想的具有最高人格的人。莊子
認為，超越現實的「遊於方之外」的人是具有最高人格的人。在〈大
宗師〉中記載著一個故事。孔子聞子桑戶死，讓子貢前去弔唁，子
貢到那裡一看，子桑戶的兩個朋友孟子反、子琴張毫不悲戚，又是
編曲，又是鼓琴，他們還唱著：「嗟來桑戶乎! 嗟來桑戶乎! 而已
反其真，而我猶為人猗。」子貢感到非常奇怪，就去問這兩位神人：
臨尸而歌難道合乎禮嗎？（「敢問臨尸而歌，禮乎?」）這兩位神人相
視而笑地說：「你懂得什麼叫禮嗎？」子貢回去告訴孔子，說了上述
情況，於是孔子說： 「彼，遊方之外者也；而丘，遊方之內者也。

內外不相及，而丘使汝往弔之，丘則陋矣。」這裡莊子顯然認為「遊外」的孟子反和子琴張與「遊內」的孔子是兩類不同的人。前者是超生死、忘禮樂的超越現實的人，他們是「拱默山林」、把政治人倫視為桎梏的「至人」、「神人」之類，是所謂「遊於方外者也」；後者是執著生死、未忘禮樂的在世俗中的人，他們是「戴黃屋，佩玉璽」、講仁義說道德的帝王聖賢之類，是所謂「遊方之內者也」。莊子顯然是以「遊外」者為理想人格的人，而且認為「內外不相及」。

在這裡郭象有一段很長的注解，他說：

> 夫理有至極，外內相冥，未有極遊外之致而不冥於內者也，未有能冥於內而不遊於外者也。故聖人常遊外以弘內，無心以順有，故雖終日揮形而神氣無變，俯仰萬機而淡然自若。夫見形而不及神者，天下之常累也。是故覩其與群物並行，則莫能謂之遺物而離人矣；覩其體化而應務，則莫能謂之坐忘而自得矣。豈直謂聖人不然哉？乃必謂至理之無此。是故莊子將明流統之所宗以釋天下之可悟，若直就稱仲尼之如此，或者將據所見以排之，故超聖人之內跡，而寄方外於數子。宜忘其所寄以尋述作之大意，則夫遊外弘內之道坦然自明，而莊子之書，故是涉俗蓋世之談矣。

這裡郭象用「寄言出意」的方法，以莊子注郭象也。此段注文可注意者或有三點：

第一、「遊外」與「遊內」從根本上說是一致的，作為「遊外之致」者的聖人必定也是「遊內之致」者。

第二、所以聖人是「常遊外以弘內」者，故能「終日揮形而神

氣無變，俯仰萬機而淡然自若」，能超越現實而又光大人事。因此，不能看到聖人處理政事，與人群同處，就認為他會被俗人俗事所累；也不能認為順物之性與之變化，就認為他不能「坐忘而自得」。 應該看到，聖人的「神氣」（精神境界），並不會因為這些事受到影響，它是能「應物而無累於物」的。

第三、郭象的注說，莊子之所以沒有說孔聖人是「常遊外以弘內」，而把超越方內、遊於方外寄託在孟子反和子琴張這樣一些人的身上，為的是免得「或者」（惑者）根據一些具體的事來反對把孔聖人說成是「遊內以弘外」的。郭象雖說這是莊子的意思，實際上是他在批評莊周把「遊內」和「遊外」置於對立的地位。

莊周理想的最高人格是屬於姑射山上「離人群」、「超世俗」的「神人」、「至人」等等；而郭象理想的「聖人」則是可以「歷山川」、「同民事」、「即世間而出世間」的「聖王」， 所以他的理想是「遊外者依內，離人者合俗」。郭象在〈逍遙遊〉注中批評把「離人群」、「超世俗」看成是高超、是理想境界的觀點，他說：

> 若獨兀然立乎高山之頂，非夫人有情於自守。守一家之偏尚，何得專此？此故俗中之一物，而為堯之外臣耳。

要求「離人群」、「超世俗」本身就是「俗中之一物」， 因為這是把事物看得有分別了，不能順自然，不能「無心而不自用」。 因此，郭象關於「內外相冥」的新理論，又是對莊子思想的一重要修正，其「新」就「新」在他把莊周的「內外不相」解釋為「內外相冥」了。

莊子認為，「神人」、「至人」等超現實的人和現實中的「聖

人」、「聖王」（帝王）是兩類人（雖然在《莊子》書中有時也把他所謂的「聖人」看成是超現實的人，這裡不必詳作區別）。而郭象卻把「神人」、「至人」和「聖人」都看成是他的理想人格的人，所以他說：「夫神人，即今所謂聖人也。」（〈逍遙遊〉注）「神人即聖人也。聖言其內，神言其外」（〈外物〉注），而「內外相冥」；「無心而任乎自化者應為帝王」，「神人者，無心而順物者也」，「無己而順物，順物則王矣」。這樣郭象就把超現實與現實、「方外」與「方內」溝通起來了，「即出間」就是「出世間」，而兩者之間所以能溝通就在於聖人「無心而任物」，「聖人雖在廟堂之上，而心無異於山林之中」。聖人只要是「無心」，那麼並不因其做方內之事而對他作為聖人的人格有損害；只要是「順物」，那麼聖人的所作所為就是「天理自然」。因此，聖人應該應時而變，出入無間，郭象在〈天地〉注中說：

> 聖人未嘗獨異於世，必與時消息，在皇為皇，在王為王，豈有背俗而用我哉！

這樣一來，聖王可以是現實生活中的帝王，當然郭象的理想的「帝王」必須是能做到「內外相冥」、「無心任物」者。這一做「聖人」的理論就是「內聖外王之道」。

(四)關於「無」的問題

如果說前面關於「聖人」的討論是「內聖外王之道」的問題，那麼關於「無」的討論則是「上知造物無物」的討論。

《莊子》書中關於有無「造物主」或有無一作為現實存在的超

現實的根據，這個問題常常表現著不同看法。〈齊物論〉中有一段說到「天籟」，其文謂:「夫吹萬不同，而使其自己也，咸其自取，怒者其誰邪!」 這一段話似乎並沒有肯定造物主的意思。但是僅僅這一句，我們也不能把這段話看作莊子否定造物主的存在，因為這句話只是提出問題，並沒有作出明確回答。因此，在這裡我們也可以採取莊子「存而不論」的方法，暫不去討論它。但郭象的注則是相當明確地否定造物主，他說:

> 夫天籟者，豈復別有一物哉? 即眾竅比竹之屬，接乎有生之類，會而共成一天耳。無既無矣，則不能生有; 有之未生，又不能為生。然則生生者誰哉? 塊然而自生耳。

這段話可以說是郭象討論「無」和「有」關係的總綱。他認為「天籟」並不是一個什麼別的東西，它是自然界的一切所共同組成的，因此它不是超於自然界的造物主，除了自然界再沒有什麼別的了。「無」就是「不存在」，「不存在」的東西怎麼能產生「存在」(有)的東西呢?「有」就是「萬有」， 或者說就是一切存在物。「無」既然是無，就不能生「有」; 至於「有」，如果它還沒有存在，那它也不能產生什麼東西。這就是說，如果把一超越的抽象的「有」作為生生者，同樣會導致肯定造物主的結果。「然則生生者誰哉?」郭象認為，沒有什麼「生生者」， 天下的事物 (有) 都是無意識地自然而然生成的。成玄英疏「塊然，無情之貌」(見〈應帝王〉疏)。郭象把「無」看成是「虛無」，是真正的「零」，這就從根本上取消了「無」作為造物主的地位和作為「有」存在的超越性的根據。郭象只承認「有」，「有」是唯一的存在。「有」之所以為「有」，只是「自

有」。　在郭象的哲學體系中「自有」一概念非常重，它和郭象思想中的「自生」、「自爾」、「自然」等等的意思是相通的。這些概念雖然過去有些哲學家也使用過，但在郭象的哲學體系裡往往都是具有否定「造物主」、否定本體之「無」的意義。

如果說上面引用的關於莊子對「天籟」說明的話，不能說明他否定「造物主」，　那麼在《莊子》書中確實有「有生於無」之類的論點。例如在〈庚桑楚〉中有這樣一段話：

> 天門者，無有也，萬物出乎無有。有不能以有為有，必出乎無有。

「天門」與「萬有」性質不同，它不是什麼具體的事物，所以它是無形、無象、無名的「無有」（即「無」），而「萬有」正是從這「天門」所生出的，因為「萬有」不能以其同性質的「有」作為存在的根據或創造者，因此「萬有」只能生出於其不同性質的（即超乎「萬有」之上的）「無有」。而郭象注卻說：

> 天門者，萬物之都名也。
> 夫有之未生，以何為生乎？故必自有耳，豈有之所能有乎？
> 此所以明有之不能為有而自有耳，非謂無能為有也。若無能為有，何謂無乎？

上引郭象的注改變了莊子的原意：首先，他認為「天門」不是什麼不同於「萬有」的東西，而是萬物之總名。其次，所謂「有不能以有為有」者，是說「有」尚且不能作成「有」，　即「萬有」都還不

存在的時期（當然郭象並不認為有這種時期），怎能說它生出「有」
呢？因此，「有」只能是「自有」，並不是另外的與「有」不同的
「無」所能產生的。因為照郭象看，「無」就是「無物」，如果「無」
能生「有」，那麼「無」就不是「無」，而必定也是什麼「有」，所以
「有必出乎無有」只能了解為「萬有不是什麼別的東西產生的」，而
只能是「自生」、「自有」的。

　　在《莊子‧天下》中說到莊子的思想有這樣一句話：「上與造
物者遊，而下與外死生無終始者為友」云云，這當然是和莊子的「天
地與我並生，萬物與我為一」的思想相聯繫，但此處「造物者」一
詞也多少透露出《莊子》書中仍有某種先於萬物而產生的某種「造
物者」的思想因素。而同篇中說到「建之以常無有，主之以太一」，
郭象的注也表現了與莊子思想的某種不同，他說：

　　　　夫無有何所能建？建之以常無有，則明有物之自建也。
　　　　自天地以及群物，皆各自得而已，不兼他飾，斯非主之以太
　　　　一耶！

「自建」者，即「自生」、「自有」之義，天地萬物之所以得為天地
萬物是各自得其「自性」，並非其他什麼東西所給與的。《莊子‧天
道》中說：「泰初有無，無有無名。」《老子》書中只說「道」無名、
無形、無象等等，而沒有說到「道」也是「無有」。看來《莊子》
書比《老子》書前進了一步，「無」不僅「無名」，而且「無有」。照
莊子看，泰初之時只有「無」，而「無」的規定性是「無有」、「無
名」。「無」的規定性是「無有」，就是說「無」不能是任何有規定
性的「有」，這點則和王弼的「貴無」思想頗有相似之處。因此，

郭象也不得不給「無」以新的解釋，在〈在宥〉的注中說：

> 夫老莊之所以屢稱無者，何哉？明生物者無物，而物自生耳。
> 自生耳，非為生也，又何有為於已生乎？

郭象說，老莊為什麼常常講到「無」，就在於要說明「生物者無物，
而物自生」。所謂「物自生」的意思是，既不是為什麼而生，又怎
麼能對其他已存之物有什麼作為呢？這當然又是對老莊的「無」的
一種新解釋。蓋郭象只承認「有」，認為只有「有」是唯一的真實
的存在，在「有」之外、之上再沒有什麼別的東西了。他認為，「無」
除了「不存在」這個意義之外，什麼意義也沒有了！「無有」就是
「什麼都沒有」。因此，他看待「無有」，它什麼也不是，只是和
「有」相對的一個名詞，只是說明「萬有之自有」，離開了「有」，
它就沒有意義了。所以「無」既不能是「造物主」，也不能是時間
在先或邏輯在先的天地萬物之本體。郭象在〈人間世〉的注中說：

> 言必有其具，乃能其事。今無，至虛之宅，無由有化物之實
> 也。

「無」是「至虛之宅」，根本是不存在的，哪裡能有使萬物生生化
化的實際作用呢？存在的東西必定是某種具體的東西，是具體存在
著的東西才能成就其實際的作用。郭象這樣注解《莊子》，當然是
以「六經注我」了，從而發展了莊子的思想，也豐富了中國哲學。
　　郭象和莊子思想的不同當然絕不止以上四個問題，此外如對生
死、是非、美醜等等的看法都有所不同，這裡不能一一詳細討論。

但是，以上四個問題的不同看法，大概已足以說明這兩位傑出的哲學家在不同的歷史時期所創造的哲學體系的不同特點了。

哲學史的研究當然要注意哲學思想的前後繼承關係，要認真研究一個哲學家的哲學思想是如何繼承和利用他以前的哲學家的思想資源，但更重要的是應該研究一個哲學家在新的歷史條件下如何修正和發展了前人的哲學思想，和以前的哲學家有哪些思想上的不同，提出了哪些新問題，從這中間探討哲學思想發展的某種軌跡。現實生活固然是豐富多彩的，而歷史也並非是「蒼白」的，「居今之世，志古之道，所以自鏡者，未必竟同」，過去哲人的智慧，對我們今人來說無疑都是寶貴的精神資源。

郭象和莊子的哲學思想有上述種種不同，這無疑和他們所處的時代不同以及他們思想總的傾向不同有關，莊子對現實社會採取否定的態度，而郭象則要論證現實社會存在的「合理性」。雖然郭象在若干重要問題上修改和發展了莊子的思想，但他的思維模式仍然和莊子一樣具有非常明顯的思辯性。莊子為了反對「人為」而主張「無為」，郭象把某種特定的「為」解釋為「無為」，是為了給「無為」找到一更能發揮作用的根據，可見他仍以「無為」為上，這就是說他的思想仍然是沿著莊子的思路發展的，只是企圖把某種「有為」與「無為」統一起來。莊子把天生的「自然之性」規定事物的「自性」（如馬之真性為「吃草飲水，翹足而陸」），而郭象則把某些社會（人類）所給與的成分稱之為「自然之性」（如「穿牛鼻」，「落馬首」）而提出「無心而任物」之命題，以便為人類利用自然留有餘地，並認為這不是人為加給某物上而是牛馬自性本具有的，因此，這也可以說是老莊「任自然」的一種特殊表現形式。莊子認為，「遊外」高於「遊內」，「內外不相及」，最高理想人格的人應是屬於姑

射山上的神人，郭象卻認為「內外相冥」，聖人「常遊外以弘內」，「身在廟堂之上，心無異於山林之中」，現實社會生活可以為超現實的精神世界所容納，但郭象所看重的仍是「遊外」，即更看重的是「心無異於山林之中」的超越境界，因為雖「內外相冥」，而「遊外」乃是「遊內」的基礎，這無疑仍是莊子思想在特定歷史條件下的新發展，而與傳統儒家非同一理路。莊子言「無有」（「泰初有無，無有無名」），郭象闡「崇有」，雖然思想有很大差別，但郭象的「有無之辨」，正是有見於如果「無」是「無有」，則「無」將無意義，從而必然會導致否定「無」的「造物主」地位（或否定把「無」作為無規定性之本體）；所以我們說郭象的思想是「崇有」，其實或者也可以稱其思想為「無無」。把「無」說成是「無有」，正是把「無」看成是「有」；說成是「無無」，正是把「無」看成是「無」（虛無），故不能認為郭象與莊子在這一思想上無關，或者正是相反相成的。從這方面看，郭象與莊子思想雖有差別，並對莊子思想有所修正和發展，但他的思路仍是老莊一系在新的歷史時期的新發展，故世稱魏晉玄學家為「新道家」不是沒有道理的。

第五章
郭象的《莊子注》與《莊子》的舊說

　　《莊子》一書在漢朝遠不如《老子》的影響大，據查今日所存史料，可知兩漢治《老子》者計六十餘家；而除《史記》的〈老莊申韓列傳〉載莊子事跡、《漢書・藝文志》著錄有《莊子》外，見於前後《漢書》者只有兩家。《漢書・王貢兩龔鮑傳》云：

> 蜀有嚴君平……卜筮於成都市，………裁日閱數人，得百錢，足自養，則閉肆下簾而授《老子》。……依老子、嚴（莊）周之指著書十餘萬言。

《後漢書・敘傳》云：

> （班）嗣雖修儒學，然貴老、嚴之術。

按：漢明帝劉莊，故漢人諱「莊」為「嚴」。 到三國始重《莊子》，據史料可查者，有何晏、裴徽、阮籍、嵇康等等。《三國志・魏志・曹爽傳》附〈何晏傳〉謂：

（何）晏……好老莊，作《道德論》。

《魏志・王粲傳》附〈阮瑀傳〉：

> 瑀子籍才藻艷逸而倜儻放蕩，行己寡欲，以莊周為模。時又
> 有譙郡嵇康文辭壯麗，好言老莊而尚奇任俠。

阮籍著有〈達莊論〉，而嵇康有「老子、莊周是吾師」之言。《魏志・
管輅傳》注引《管輅別傳》：

> 冀州裴使君（徽）才理清明，能釋玄虛，每論《易》及老莊
> 之道，未嘗不注精於嚴瞿之徒也。
> ……裴使君云：誠如來論，吾數與平叔（何晏）共說老莊及
> 《易》，常覺其辭妙於理，不能析之。

漢時往往「黃老」並稱，至魏晉則多「老莊」並言。魏晉之際或始
有注《莊子》者，《世說新語・文學》中說：

> 初注《莊子》者數十家，莫能究其旨要，向秀於舊注外為《解
> 義》，妙析奇致，大暢玄風。

在向秀之前注《莊子》者竟有數十家，而今可知者僅有司馬彪（或
晚於向秀）、崔譔、孟氏等三家。這三家在陸明德《經典釋文》中
都提到，然書早已散失。《晉書・司馬彪傳》說：

司馬彪字紹統，高陽王睦之長子也……注《莊子》。（按：高
陽王睦為司馬懿弟）

《隋書‧經籍志》著錄有「司馬彪《莊子注》二十一卷」，今已佚
失，但有孫馮翼及茆泮林兩種輯本，近人王叔岷有〈茆泮林莊子司
馬彪注考逸補正〉一篇，載《歷史語言研究所集刊》第十六本。《世
說新語‧文學》「初注《莊子》者數十家」條，注引《向秀本傳》
說：

秀遊託數賢，蕭屑卒歲，都無注述，唯好《莊子》，聊應崔譔
所注，以備遺忘。

崔譔注在向秀注前，且今本郭象注並有所採，或即向秀所錄者。《經
典釋文‧序錄》謂：

崔譔注十卷，二十七篇。（……內篇七，外篇二十。）

按：向秀注亦或為二十七篇，並無雜篇，或與崔本同。《經典釋文》
中引有崔注多條。《經典釋文‧序錄》又說：

《漢書‧藝文志》，《莊子》五十二篇，即司馬彪、孟氏所注
是也。

孟氏注本在《隋書‧經籍志》中已不見著錄，在《經典釋文》中亦

不見稱引。郭象的《莊子注》是在向秀注的基礎上成書的，查閱郭注中批評前人對《莊子》的注（或對《莊子》的解釋）約有八處，此中或有向秀《解義》對前人的批評，現無從分別，茲錄於下，並略加分析，以明郭象思想之用意。

(1)〈逍遙遊〉「堯讓天下於許由」條，郭象注說：

> 夫能令天下治，不治天下者也。故堯以不治治之，非治之而治者也。今許由方明既治，則無所代之，而治實由堯，故有子治之言，宜忘言以尋其所況。而或者遂云：「治之而治者堯也，不治而堯得以治者，許由也。」斯失之遠矣。夫治之由乎不治，為之出乎無為也。取於堯而足，豈借之許由哉！若謂拱默乎山林之中，而後得稱無為者，此莊老之談所以見棄於當塗。當塗自必於有為之域而不反者，斯之由也。

郭象所批評的舊注（或舊義）八處，有五處批評的對象為「或者」（即「惑者」），一處為「論者」，二處為「舊說」，這些是郭象以前的人對《莊子》的解釋，所以都屬於「舊說」。由於在郭象以前的《莊子》舊注多佚，因此要說明郭象所批評的對象具體所指，是不大可能的。但可以肯定的是，郭象所批評的確有所指，而不是出自假託，這點從下面第二條和第七條可以得到證明。

郭象這條批評「或者」認為「治之而治者堯也，不治而堯得以治者許由也」的觀點，其實「或者」的觀點正是莊周的意思，也可以說是郭象以前的注解《莊子》者對莊子思想的正確了解。照莊子的原意，他認為許由高於帝堯，因為許由真正懂得「無為」的意義。而郭象注則不同，認為帝堯高於許由，因為能「以不治治之」的正

是帝堯而不是許由。郭象的注顯然與莊子原意有別，然而既是注《莊子》，就不便直接批評莊子，因而他說「宜忘言以尋其所況」，意思是說，注《莊子》應該拋開其字面的意義，從它的比喻（或隱喻）中領會其精神實質，以得其「言外之意」。這種「寄言出意」的方法是郭象用來注解《莊子》的重要方法，以便發揮他不同於莊子的思想觀點，本章八條批評舊注多採用這種方法。

郭象的這段注，雖言「堯以不治治之」，而並不是要否定「治天下」，恰恰是要肯定「治天下」的必要，因為「以不治治之」，仍然是一種「治天下」的方法，只不過認為應以「不治」來「治天下」罷了。故此「以不治」來「治天下」的理論，正是郭象所主張的「不廢名教而任自然」的體現。蓋郭象認為「拱默乎山林之中」之所以不可取，因為這樣那就無所謂「治天下」了，然而統治者不能不「治天下」，最好的辦法是「以不治治之」，這樣才可以做到「雖在廟堂之上，然其心無異於山林之中」，而把「內聖」和「外王」統一起來。

(2)〈齊物論〉「子綦曰：夫吹萬不同，而使其自己也」下，郭象注說：

> 此天籟也。夫天籟者，豈復別有一物哉？即眾竅比竹之屬，接乎有生之類，會而共成一天耳。無既無矣，則不能生有；有之未生，又不能為生。然則生生者誰哉？塊然而自生耳。自生者，非我生也。我既不能生物，物亦不能生我，則我自然矣。自己而然，則謂之天然。天然耳，非為也，故以天言之。以天言之所以明其自然也，豈蒼蒼之謂哉！而或者謂天籟役物使從己也。夫天且不能自有，況能有物哉！故天者，

> 萬物之總名也，莫適為天，誰主役物乎？故物各自生而無所
> 出焉，此天道也。

郭象這裡批評的「或者」是誰，但查司馬彪於此處之注，即是主張「天籟役物，使從己」的。《文選》中謝靈運〈九日從宋公戲馬臺集送孔令詩〉注引司馬彪《莊子注》云：「吹萬，言天氣吹煦，生養萬物，形氣不同也。已，止也。使物各得其性而止。」司馬彪此處肯定「吹萬不同」有一「主使者」，此「主使者」「使物各得其性」。郭象的注中的「或者」如果不是直接批評司馬彪，大概也是批評與司馬彪相類似的思想。照郭象看，「天」，不是「造物主」，它只不過是「萬物之總名」，既然沒有一個單獨存在的「天」，誰又能說它可以役物呢？而「無」更非「主使者」，「無既無矣，則不能生有」，這當然是直接批評「貴無論」的。而所謂「天籟」亦不過「即眾竅比竹之屬，接乎有生之類，會而共成一天耳」，自不能「使物各得其性而止」。任何事物之性均為「自得」的，「物皆自得之耳，誰主怒之使然哉！」（同上篇注）據此可知郭象所批評的「或者」當有具體所指也。

那麼，郭象這段注是不是也像上一條注那樣，實際上是批評莊子本人的呢？單從莊子說的「吹萬不同，而使其自己也，咸其自取，怒者其誰邪」，是得不出這樣的結論的。甚至應說莊子並不肯定「造物主」或者有一作為萬物存在根據的超越性的本體。但從《莊子》全書的內容看，其中確有認為在「有」之上還有一「無」作為其生生者，如〈庚桑楚〉中說：「有不能以有為有，必出乎無有。」郭象的「物各自生，而無所出焉」，恰恰是對上引莊子話的批評。

這段注中，郭象在論證「無」不能生「有」時，引進了「自生」

這一概念；在解釋「天」時，用了「自然」、「天然」等概念，這表明他的這段注在其思想體系中的重要性。蓋郭象「崇有」思想的確立，正是靠了「自生」、「自然」等等概念的。如果要論證「有」是唯一的存在，在「有」之上和之外再沒有「主使者」，「有」必是「自生」的，「自然而然」存在著的，這樣「上知造物無物，下知有物之自造」的命題才有意義。

(3)〈馬蹄〉伯樂治馬，「而馬之死者已過半」一段，郭象注說：

> 夫善御者，將以盡其能也。盡能在於自任，而乃走作馳步，求其過能之用，故有不堪而多死焉。若乃任鶩驥之力，適遲疾之分，雖則足跡接乎八荒之表，而眾馬之性全矣。而或者聞任馬之性，乃謂放而不乘；聞無為之風，遂云行不如臥，何其往而不返哉！斯失乎莊生之旨遠矣。

郭象這裡批評「或者」的觀點，實際上是某「舊注」對莊子思想的正確解釋（已見前章）。《莊子・馬蹄》認為，「馬之真性」就是「吃草飲水，翹足而陸」，故應「放而不乘」，而伯樂治馬，「燒之剔之，刻之雒之，連之以羈馽，編之以皁棧」，「飢之渴之，馳之驟之，整之齊之，前有橛飾之患，而後有鞭筴之威」，這些都是有害於「馬之真性」的。郭象注則不同，他認為「馬之性」主要就在於「走作馳步」，只要能根據不同的馬的能力來使用牠，使之盡其所能，而不超過牠性分的能力，這就是「善御者」。故謂之曰：「御其真知，乘其自陸，則萬里之路可致，而群馬之性不失。」郭象又曰：「馬之真性，非辭鞍而惡乘，但無羨於榮華」，所以「任馬之性」，並非「放而不乘」；「無為之風」更非「行不如臥」。在〈秋水〉中，莊子認

為「穿牛鼻」、「落馬首」是「有為」，而有違牛馬之本性。郭象卻
認為，人們之所以要「穿牛鼻」、「落馬首」，正是「任牛馬之性」、
「盡其所能」，這是「天命之固當，雖寄之人事，而本在乎天」。郭
象批評「舊說」，又正是批評莊子。

　　如果說前面講的郭象第一條注，提出了以「不治」來「治天下」
的觀點；那麼這一條是從另一角度來表明，以「無為」來「治天下」
的實際意義是「順物之性」而「為」，「順物之性而為」即是「無為」。
這個對「無為」的新解釋，又是郭象思想體系的一個重要方面。

　　(4)〈秋水〉「北海若」論「觀大以明小」一段，郭象注說：

> 窮百川之量而縣於河，河縣於海，海縣於天地，則各有量也。
> 此發辭氣者，有似乎觀大可以明小，尋其意則不然。夫世之
> 所患者，不夷也，故體大者快然謂小者為無餘，質小者塊然
> 謂大者為至足，是以上下夸跂，俯仰自失，此乃生民之所惑
> 也。惑者求正，正之者莫若先極其差，而因其所謂。所謂大
> 者至足也，故秋毫無以累乎天地矣；所謂小者無餘也，故天
> 地無以過乎秋毫矣；然後惑者有由而反，各知其極，物安其
> 分，逍遙者用其本步，而遊乎自得之場矣。此莊子之所以發
> 德音也。若如惑者之說，轉以大小相傾，則相傾者無窮矣。
> 若夫睹大而不安其小，視少而自以為多，將奔馳於勝負之境，
> 而助天民之矜夸，豈達乎莊生之旨哉！

郭象批評「惑者」，認為只是從事物的大小比較上來說明一切都是
相對的，是不能解決問題的，這是不能真正取消差別，因為這種大
小的比較可以無窮無盡地比較下去，反而會造成「睹大而不安其小，

視少而自以為多」的結果。雖然郭象說，莊子的原意不是要從大小的相對性來取消差別，而是「惑者」沒有正確了解《莊子》書的原意，實際上莊子的相對主義正是以這種「大小之辨」作為取消差別的立論基礎。郭象認為，任何事物從根本上說都是一樣的，無所謂大小，因為每個事物都有每個事物的本性，而其本性都有其極限，「物各有性，性各有極」，從「自足其性」方面看，都是一樣的大，如大鵬之飛九萬里，學鳩之飛槍榆枋。從滿足其性分的要求來看，牠們又都能一樣的「至足」。無論是大鵬還是學鳩，牠們所能的最大限度也都是「自足其性」，也都是「無餘」，也可以說是一樣的「小」。故同篇另一條注中說：「以小求大，理終不得；各安其分，則大小俱足矣。若毫末不求天地之功，則周身之餘皆為棄物；天地不見大於秋毫，則顧其形象裁自足耳，將何以知細之定細，大之定大也。」可見，郭象的相對主義不是建立在「大小之辨」上，而是建立在所謂「自足其性」的基礎上，這或者可以稱之絕對的相對主義。而所謂「大小之辨」這種相對主義的「辨」，本來就不必去「辨」，這種「辨」本身就是無意義的，故郭象說：「物有定域，雖至知不能出焉，故起大小之差，將以申明至理之無辨也。」

因此，如果我們說，在本章第二條注中，郭象給「萬物」（萬有）規定的一個特性是「自生」，那麼在這條注中他又提出「自性」這一概念來說明「萬物」存在之本，而「自足其性」即是「逍遙」，他說：「苟足於其性，則雖大鵬無以自貴於小鳥，小鳥無羨於天池，而榮願有餘矣。故大小雖殊，逍遙一也。」（〈逍遙遊〉注）

(5)〈至樂〉「莊子與髑髏論生死」一段，郭象注說：

舊說云：莊子樂死惡生，斯說謬矣。若然何謂齊乎？所謂齊

者，生時安生，死時安死，生死之情既齊，則無為當生而憂
死耳。此莊子之旨也。

這裡的「舊說」究竟具體指的是誰的觀點，當然不可得而詳考。但
照〈至樂〉這段莊子與髑髏論生死的內容看，莊子思想中或本來有
「樂死惡生」之意的，如謂「死，無君於上，無臣於下，亦無四時
之事，從然以天地為春秋，雖南面王樂，不能過也」。 且同篇有莊
子喪妻鼓盆而歌一段也可以作為旁證。這種「樂死惡生」的觀點，
在魏晉時期頗為流行。除佛教持有此種說法外，《列子》及張湛的
《列子注》亦持類似之觀點。照張湛《列子注》的〈序〉說，《列
子》一書所要解決的最大問題就是生死問題，他說：

> 其書大略，明群有以至虛為宗，萬品以終滅為驗；神惠以凝
> 寂常全，想念以著物自喪，生覺與化夢等情，巨細不限一域，
> ……然所明往往與佛經相參，大歸同於老莊。

「生覺與化夢等情」者，即謂齊一生死、夢醒無別也。生死齊一而
能逍遙任遠，凝寂常全，這正是當時佛教徒們需要解決的問題，故
張湛謂其書「往往與佛經相參」。按《弘明集》卷一有「未詳作者」
的〈正誣論〉一篇，當為西晉時的作品，其中有這樣的話：

> 又誣云：事佛之家，樂死惡生，屬纊待絕之日，皆以為福祿
> 之來，無復哀戚之容云云。

可見當時佛教確有「樂死惡生」的說法。《列子》八篇其注雖不免

有相矛盾之處，但其中心思想常在討論「生死問題」，在〈楊朱〉中有一條注說：

> 本書大旨，自以為存亡往復，形氣轉續，生死變化未始絕滅也。

在《列子・天瑞》中就有「以死為樂」、「以死為息」的觀點（《莊子・大宗師》中也說：「息我以死」）。郭象批評這種觀點，以為若「以生死為齊」，那就不應「樂死惡生」；「樂死惡生」乃以生死不齊也。所以他認為，對生死應持的態度是「生時安生，死時安死」。持這種「生時安生，死時安死」的態度者即是「安命」，「死生變化唯命之從也」。這種「安命」思想也是郭象認為事物所具有的特性，故郭象說：「命非己制，故無所用其心也。夫安於命者，無往而非逍遙矣，故雖匡陳羑里無異於紫極閒堂也。」（〈秋水〉注）

(6)〈讓王〉「瞀光負石自沉於廬水」一段，郭象注說：

> 舊說曰：如卞隨、瞀光者，其視天下也若六合之外，人所不能察也。斯則謬矣。夫輕天下者，不得有所重也，苟無所重，則無死地矣。以天下為六合之外，故當付之堯、舜、湯、武耳。淡然無係，故汎然從眾，得失無概於懷，何自投之為哉！若二子者，可以為殉名慕高矣，未可謂外天下也。

郭象於此批評「舊說」，又表明他「治天下」的觀點，即「外天下而天下治」者為堯、舜、湯、武等聖王，而非「自沈於廬」的卞隨、瞀光。照郭象看，卞隨、瞀光並非真能是「外天下」的人，因為他

們仍有所追求,即追求「殉名慕高」; 而堯、舜、湯、武則是「淡然無係」,所以他們能「泛然從眾」。這就是說,堯、舜等根本不追求什麼,因而可以做到「無心而不自用」,讓每一事物都按其本性生生化化,「無心而任乎自化者應為帝王」。就這個觀點表面上看,郭象似乎並非肯定「名教」,而是主張「任自然」。其實不然,儘管他說堯、舜等是「外天下」者,而此「外天下」仍實是「治天下」的根本方法;儘管他說堯、舜等對天下「淡然無係」, 而此「淡然無係」仍是「泛然從眾」,必「即世間而出世間」。就其「即世間而出世間」說,其所強調者乃「不離世間」也,這點郭象或與莊子也有所不同,郭象所提倡的還是「不廢名教而任自然」。

(7)〈讓王〉「伯夷叔齊餓死於首陽之上」一段,郭象注說:

《論語》曰:伯夷、叔齊餓於首陽之下,不言其死也。而此云死焉,亦欲明其守餓以終,未必餓死也。此篇大意,以起高讓遠退之風。故被其風者,雖貪冒之人,乘天衢,入紫庭,猶時慨然中路而嘆,況其凡乎!故夷、許之徒,足以當稷、契,對伊、呂矣。夫居山谷而弘天下者,雖不俱為聖佐,不猶高於蒙埃塵者乎!其事雖難為,然其風少弊,故可遺也。曰:夷、許之弊安在?曰:許由之弊,使人飾讓以求進,遂至乎之、噲也;伯夷之風,使暴虐之君得肆其毒而莫之敢抗也;伊、呂之弊,使天下貪冒之雄敢行簒逆;唯聖人無跡,故無弊也。若以伊、呂為聖人之跡,則伯夷、叔齊亦聖人之跡也;若以伯夷、叔齊非聖人之跡邪,則伊、呂之事亦非聖矣。夫聖人因物之自行,故無跡。然則所謂聖者,我本無跡,故物得其跡,跡得而強名聖,則聖者乃無跡之名也。

郭象這段注，並沒有直接標出「或者」或「舊說」，但從他回答問題看，顯然也是批評一種「舊說」。《經典釋文》中保存了一段話，是對〈讓王〉的一種解釋，上引郭象的注或許是對它的批評。《經典釋文》中說：

> 唐云，或曰〈讓王〉之篇，其章多重生，而瞀光二三子自投於水，何也？答曰：莊書之興，存乎反本；反本之由，先於去榮。是以明〈讓王〉之一篇，標傲世之逸志，旨在不降以屬俗，無厚身以全生，所以時有重生之辭者，亦歸棄榮之意耳，深於塵務之為弊也。其次者，雖復被褐啜粥，保身而已。其全道（按：道，當作身）尚高，而超俗自逸，寧投身於清冷，終不屈於世累也。此舊集音有，聊復錄之，於義無當也。

此「舊集音（義）」是誰的作品，今當無所從考，但總是一種「舊說」，而上引郭象的那段注，又是和此「舊集音（義）」大不相同。「舊集音」以為瞀光二三子投水是由於要「去榮」，並認為「去榮」是莊子「反本」所要求的。郭象恰恰批評的是這種觀點，他認為「去榮」實際上是「飾讓以求進」。照郭象看，許由、伯夷、叔齊等人雖然比那些在塵土中打滾的人要高超得多，弊病比較少，但仍然是有弊病的，他們的弊病就在於所追求的有害於天下，若讓人效法他們的「跡」，不管是「聖跡」或「非聖跡」都是不可取的。而聖人則無求於世，只是「因物之自得」而已！故沒有任何弊病可言。聖人本身既無所求，不去有意地做什麼事，這樣每個事物就都可以按照它們自己的本性生生化化，所以聖人是無跡可尋的，「無跡可尋」

則無從效法，則無弊病。而人們之所以稱「聖人」為「聖人」，就因為聖人和伯夷、叔齊不一樣，「聖人」是「無飾於外」（〈天下〉注）的，本「無跡」。可是一般人總是要效法「聖人」，似乎找到了什麼聖人的什麼「形式」（跡），就把這些「形式」命之為「聖」，實不知「聖人乃無跡之名也」。

　　郭象的這條注是否直接批評上引的「舊集音」者，不可得而知，但至少可以說是批評這類思想的。這條注中所包含的思想，在郭象哲學思想中也是很重要的，可以說它總括了前六條的主要意思。郭象的思想總的傾向雖然是要齊一儒道，調和「自然」與「名教」，但他的思想的根子仍在老莊。前六條注中，有三條是講「物之性」的，即是說「物之性」是「自生」、「自足」、「安命」的；另三條是講「治天下」的，「治天下」應「以不治治」、「任物之性為」、「外天下而治」。合此六條，正是他的「不廢名教而任自然」。能做到「不廢名教而任自然」，而得為「聖人」。「聖人」是「從眾」的，是「因物」的，是不必「拱默山林」，而可「歷山川，同民事」的，故不須廢「名教」；「聖人」又是「淡然無係」、「因物之自行」的，不「殉名慕高」，「無心而任自然」，故「無名」、「無跡」。故〈莊子序〉中說：「明內聖外王之道，上知造物無物，下知有物之自造」，正是郭象上述七注所要發明者。

　　⑻郭象在《莊子》的最後一篇〈天下〉之末有一條關於方法論的注，他說：

　　　　昔吾未覽《莊子》，嘗聞論者爭夫尺棰、連環之意，而皆云莊生之言，遂以莊生為辯者之流。案此篇較評諸子，至於此章則曰：「其道舛駁，其言不中。」乃知道聽塗說之傷實也。吾

意亦謂無經國體致，真所謂無用之談也。然膏粱之子，均之
戲豫，或倦於典言，而能辯名析理，以宣其氣，以係其思，
流於後世，使性不邪淫，不猶賢於博奕者乎！故存而不論，
以貽好事也。

郭象這段注批評「論者」對莊子思想的不正確了解，他認為莊子並
非是那種「爭尺棰、連環之意」之類的辯者，這無疑是正確的。而
且他在此條注中提出哲學的意義在於「經國體致」，即謂哲學應能
有利於「治天下」和體察事物之真實；如果不能如此，那就是「無
用之談」，這正是他注《莊子》之旨所要求的「明內聖外王之道，
上知造物無物，下知有物之自造」。就這一點看，郭象的這最後的
一條《莊子》注正是和他的〈莊子序〉前後呼應的。

　　在這條注裡，郭象提出了「辯名析理」的哲學方法，並認為這
種方法雖然不一定能直接「經國體致」，但也可以用這種方法來表
達哲學家的思想和情趣。「辯名析理」是魏晉玄學的一重要方法，
據史料或謂「玄學」為「名理之學」，如何劭〈荀粲傳〉謂：
「(傅)嘏善名理，而粲尚玄遠，宗致雖同，倉卒時或有格，而不
相得意，裴徽通彼我之懷，而為二家釋。」可見「名理」與「玄遠」
雖非盡同，但兩者確有密切之聯繫，或者可以說「名理」為玄學的
一種方法，而「玄遠」為玄學的一種境界。王弼〈老子指略〉中說：

　　　夫不能辯名，則不可與言理；不能定名，則不可以論實也。

這句話說明「辯名析理」作為一種方法，在郭象之前王弼已提出，
並非郭象首倡。上述王弼的話，後面一句討論「名」與「實」的關

係，在此王弼的觀點頗有似西方中世紀之「唯實論」，認為個別據一般而有。前面一句討論「名」與「理」的關係，「名」就是概念，「理」即是由概念之間的相互關係而形成的命題或某種理論。照王弼看，必須把概念搞清，才能討論一種理論或一個命題是否正確。嵇康〈琴賦〉中說：「非夫至精者，不能與之析理。」從嵇康的〈聲無哀樂論〉，我們就可以看出他正是用「辯名析理」的方法來討論問題的。嵇康首先分析「音樂」這一概念的涵義，然後據此概念的涵義來討論「聲音」有無哀樂以及「音樂」與「感情」的關係等問題，以確立「聲無哀樂」這一命題之意義。其他許多魏晉玄學家的文章也多用這種「辯名析理」的方法，如王弼的〈老子指略〉、裴頠的〈崇有論〉、歐陽建的〈言盡意論〉等等。作為一種玄學方法說，「辯名析理」有其重要的哲學意義，它比兩漢常用的「微言大義」的方法對於分析哲學理論或更有思辨意義。本來中國哲學，特別是儒家哲學重在「體會」，而於「概念」之分析和「命題」之論證相當忽視，而「辯名析理」多少可以補中國哲學之不足，但這種「辯名析理」的方法在魏晉之後，除了在中國佛教的一些派別（如華嚴宗）得到發揮，很少受到應有的重視。「辯名析理」的方法只是魏晉玄學的一種方法，另外「言意之辨」（「得意忘言」、「寄言出意」）或者可以說是魏晉玄學的更為重要的方法（詳見第六章：郭象的哲學方法）。照郭象看，「辯名析理」作為一種哲學方法雖對「經國體致」沒有什麼意義，但比起那些「博奕」之類或於後世有某些啟示。我認為這大概是郭象太過於執著於「士」的心態了。照我看，這種「無用之談」的「辯名析理」的方法從一個方面看，它正表現了哲學這一「無用之學」的「大用」吧！

　　總以上郭象的八條注釋，我們大體可以得出以下三點看法：

第一、郭象批評「舊說」， 實際上是既發揮又改造了《莊子》，以建立適應魏晉社會統治者生活之需要。蓋當時的世家大族，既要「逍遙放達」， 又要維護禮教，故必須找出一統一「自然」與「名教」的辦法。因此，如果不改造莊子的某些思想，就不能「不廢名教」；如果不是發揮莊子的思想，就不能保持「任自然」的風格。

第二、此八條對「舊說」的批評，或可說概括了郭象思想體系的基本內容，郭象從「無不能生有」而「有自有」出發，提出「物之自性」為「自生」、「自足」、「自為」而「安命」；「治天下」應是「無心而任物」、「以不治治」、「外天下而治」，「夫無心而任化者應為帝王」。

第三、郭象對「辯名析理」的肯定，說明他有一方法論上的自覺。蓋新哲學體系之建立或可使用某種新的哲學方法，如僅僅使用而沒有自覺到所使用方法的普遍意義，那只能說是「用而未覺」。如果能覺悟到所使用的方法為一有普遍意義的方法，那麼這種方法論上的自覺也就成為一種創造性的哲學理論了。因此，郭象能把「辯名析理」作為一種方法論提出，其於中國哲學史上之功實不可沒。

第六章　郭象的哲學方法

　　在歷史上的重要哲學家或哲學派別都有其建立哲學體系的方法，如果能了解其方法並用此方法來解剖其哲學體系，則有如鋒利的解剖刀用於解剖對象一樣，能使我們對此體系的內在意蘊和它的特點有深刻的把握。一種新的哲學思想的產生，雖有其社會歷史的動因，但一種新的哲學方法往往是使這種因社會歷史動因產生的某種哲學思想成為系統的新哲學，並影響及於其他學科的重要條件。因此，我們也許可以說，沒有建立新哲學體系的新方法，則難以建立有深遠影響的新哲學思想體系。從哲學史上看，往往是在有了新的哲學方法之後，新的哲學思想才能較為廣泛流行。

(一)寄言出意

　　魏晉玄學有沒有其特殊的新的哲學方法，湯用彤先生提出「言意之辨」是魏晉玄學的新的特殊的哲學方法（見《湯用彤學術論文集》第214-232頁）。「言意之辨」與魏晉之際的「名理之學」有著密切的關係。我們知道，漢朝人鑑識人物往往由外貌的差別，而推知其體內才性之不同，故有所謂「骨相」之法。王充《論衡·骨相》中說：

> 人命稟乎天，則有表候見於體，察表候以知命，猶察斗斛以
> 知容矣。表候者，骨法之謂也。……非徒富貴貧賤省骨體也，
> 而操行清濁亦有法理。貴賤貧富，命也；操行清濁，性也。
> 非徒命有骨法，性亦有骨法。（按：據黃暉《論衡校釋》）

王符《潛夫論・相列》中說：

> 人身體形貌，皆有象類；骨法角肉，各有分部，以著性命之
> 期，顯貴賤之表。

照他們的看法，不僅僅人的富貴貧賤可以由骨相推知，而且人的內
在性情也可以由骨相推知，因為人的內在性情必然表現在外貌上，
所謂「誠於中而形於外」也。漢末的「月旦評」仍然是多由外貌評
論人物之優劣。評論人物才性的高下，他們往往用形象來說明。例
如，郭林宗評黃憲，形容他「汪汪如萬頃之波，澄之不清，猶之不
濁」；而評袁閎，則說他「譬諸泛濫，雖清易挹」，這樣黃憲與袁閎
的才性高下自見。劉劭《人物志》也繼承了這種風氣，他認為人物
的高下優劣是由其性情決定的，內在的性情雖然難以認識，但由於
人「稟陰陽以立性，體五行而著形」，人即有形質，就可以通過外
形而察知其內在的精神，所以他說：

> 故其剛柔、明暢、貞固之徵，著於形容，見於聲色，發於情
> 味，各如其象。（《人物志・九徵》）

從人的形容、聲色、情味可以認識其才性，但說到情味，就不像「形

容」、「聲色」那樣是外在的東西；而是人的內在精神的表現，這是
比較難以認識的，所以劉劭說：「能知精神，則窮理盡性。」
（〈九徵〉）因此，到漢魏之際，鑒識人倫逐漸視神氣，而人的神氣
往往由眼神表現出來，劉劭說：「徵神見貌，發性於目。」（〈九徵〉）
故有蔣濟之論眸子，認為觀人之眼睛就可以認識其內在的神氣（神
味）；顧愷之有「凡畫人最難」之嘆，《世說新語・巧藝》中載：「顧
長樂畫人或數年不點目睛，人問其故，顧曰：四體妍媸，本無關於
妙處，傳神寫照正在阿堵中。」《世說新語・言語》載嵇康謂趙景真
（至）「卿瞳子黑白起之風，恨量小狹」，此亦為觀眸子以知人之性
情之例。鑒識人倫由外形而認識其內在精神，發展到對人物神氣的
體察，這反映在品評人物上由可知到難言之域的發展。形像可知，
而神氣難言，因而到魏晉之後，「言不盡意」的思想大為流行，歐
陽建〈言盡意論〉中說：

> 世之論者以為言不盡意，由來尚矣。至乎通才達識，咸以為
> 然。若夫蔣公之論眸子，鍾、傅之言才性，莫不引此為談證。

照歐陽建看，蔣濟之論眸子，鍾會、傅嘏之言才性，均以「言不盡
意」立論。魏晉時人以為觀察人物必須體察其全體，觀察其神氣，
而一般人看人往往只依據形貌，唯知人善使的聖人（聖王），則注
重人的神氣，而神氣只能意會，難以言傳。「天不言而四時行焉，
聖人不言而鑒識存焉」（〈言盡意論〉）。可見當時人講「言不盡意」
多就鑒識人倫方面說的。「言」與「意」的關係問題早在先秦已提
出，《論語》、《周易》、《老了》、《莊子》等書均有論述，如《莊子・
秋水》中說：

> 可以言論者，物之粗也；可以意致者，物之精也；言之所不
> 能論，意之所不能察致者，不期精粗焉。

漢時對此問題也有所討論，如桓譚說：

> 蓋天道性命，聖人所難言，自子貢以下，不得而聞。(《新論》)

漢末有任彥升謂：

> 性與天道，事絕言稱。

又有〈看頭陀寺碑文〉說：

> 杜口毗邪，以通得意之路。

「言不盡意」的學說至魏晉而風行，如傅玄〈相風賦〉：「若之造相
風者，其達變通之理乎?」庾闡〈蓍龜論〉謂：「……是以象以求妙，
妙得而忘象；蓍以求神，神窮而蓍廢。」

王應麟《玉海》卷三十六，於「晉易象論」條中載：「嵇康作
〈言不盡意論〉，殷融作〈象不盡意論〉，何城襄有六爻之論……」，
並言及殷浩和劉惔等也倡導「言不盡意」之說 (劉惔事並見《晉書・
劉惔傳》)。而在〈荀粲傳〉中說：

> 粲諸兄並以儒術議論，而粲獨好言道，常以子貢稱夫子之言

性與，天道不可能而聞，然則六籍雖存，固聖人之糠秕。粲
兄難之曰：《易》亦云，聖人立象以盡意，繫辭焉以盡言。則
微言胡不可得而聞見哉？今稱立象以盡意，此非通於意外者
也。斯則象外之意，繫表之言，固蘊而不出矣。

又有張韓作〈不用舌論〉，語謂：

> 論者以為心氣相驅，因舌而言，卷舌翕氣，安得暢理。余以
> 留意於言，不如留意於無言。徒知無舌以通心，未盡有舌之
> 必通也。

蓋倘若一種方法只停留在「鑒識人倫」上，則仍是有限的，必須使
之成為普遍的方法、哲學的方法，始能及於各個領域。因此，有荀
粲用「言不盡意」的方法討論「性與天道」的問題，張韓則以此討
論「言」與「不言」和人生際遇之關係。但荀粲與張韓的「言不盡
意」思想偏於消極，則言象幾乎等於無用。王弼為建立其本體論哲
學體系，提出「得意忘言」這一玄學方法，始開一代新風。《周易·
繫辭》中說：

> 子曰：書不盡言，言不盡意，然則聖人之意，其不可見乎？

王弼引《莊子·外物》筌蹄之言作《周易略例·明象》，對「言不
盡意」作了一種新的解釋，《莊子·外物》中說：

> 筌者所以在魚，得魚而忘筌；蹄者所以在兔，得兔而忘蹄；

　　言者所以在意，得意而忘言。

王弼《周易略例・明象》說：

> 夫象者，出意者也；言者，明象者也。盡意莫若象，盡象莫
> 若言。言生於象，故可尋言以觀象；象生於意，故可尋象以
> 觀意。意以象盡，象以言著，故言者所以明象，得象而忘言；
> 象者所以存意，得意而忘象。猶蹄者所以在兔，得兔而忘蹄；
> 筌者所以在魚，得魚而忘筌也。是故，存言者非得象者也；
> 存象者非得意者也。象生於意而存象焉，則所存者乃非其象
> 也；言生於象而存言焉，則所存者乃非其言也。然則，忘象
> 者乃得意者也；忘言者乃得象者也。得意在忘象，得象在忘
> 言。故立象以盡意，而象可忘也；重畫以盡情，而畫可忘也。

王弼這段話，分析可得要點有三：
　　⑴「言」生於「意」，故可尋「言」以觀「意」；
　　⑵「言」為「意」之代表，但非「意」之本身，故不可以「言」
為「意」；
　　⑶如果執著「言」，以「言」為「意」，則「非得意者也」，故「得
意在忘言」。這意思是說，「得意」在「忘言」、「忘象」以求言外之
意。
　　王弼這一「得意忘言」的新思想，起於「言不盡意」流行之後，
然二者實互有異同。「言不盡意」所注重在「會意」（可以意會，不
可以言傳）；「得意忘言」所注重在「得意」，這兩種說法都是「重
意」而「輕言」。但「言不盡意」，則「言」幾乎無用，故荀粲有「六

籍糠秕」之言，張韓有「不用舌」之論；而王弼的「得意忘言」，則認為言象乃盡意之具，「盡意莫若象」、「盡象莫若言」，肯定言象的意義，因此和「言不盡意」又有所不同。

　　王弼把「得意忘言」作為他建立其哲學體系的根本方法，而於中國哲學實有深遠影響。王弼認為，宇宙之本體「道」，無形無象，超言絕象，因此不能用名言去說；如果用名言去說它，那麼它就不是「常道」，它就不是超言絕象的，不是無規定性的，而成為與認識主體相對的東西，而有某種規定性了，而不可謂之為宇宙本體。但另一方面，存在著的形形色色，它們畢竟是本體之表現，「用」不能離「體」以為「用」，「萬物雖貴以無為用，不能捨無以為體也」；「言」雖非「意」之本身，而「言」終究生於「意」，為「意」之代表。問題是，如果能不執著形形色色的現象，就能據「用」以得「體」，所以王弼說：

　　　　夫無不可以無明，必因於有，故常於有物之極，而必明其所
　　　　由之宗也。

「無」（本體）不能由「無」來說明，因為作為本體之「無」是無法用名言來說的，只能通過表現它的形形色色的「有」來說明，因此必須在「有物之極」（天下萬物之全體）上去了解形形色色的「有」之存在的根據（「所由之宗」），故王弼在其《周易・復卦注》中說：「天地雖大，富有萬物，雷動風行，運化萬變，寂然至無，是其本矣。」

　　自王弼以後，許多玄學家多用「得意忘言」作為方法，以論證其思想，例如嵇康在〈聲無哀樂論〉中說：「吾謂能反三隅者，得

意而忘言。」稍後有嵇叔良作〈阮嗣宗碑〉云：「先生承命之美，希達節之度，得意忘言，尋妙於萬物之始；窮理盡性，研幾乎幽明之極。」王弼用「得意忘言」的方法注《老子》、注《周易》以及釋《論語》，建立「以無為本」的「貴無」思想體系；郭象用什麼方法注《莊子》以建立其「造物無主」的「崇有」、「獨化」的思想體系呢？我們可以看到，在郭象的《莊子注》中充分吸收了王弼「得意忘言」的思想，如在〈則陽〉注中說：「不能忘言而存意，則不足。」〈天道〉注中說：「得彼情，忘言遺書者也。」但是，郭象沒有用「得意忘言」來概括他注《莊子》的方法，而是用「寄言出意」來說明他注《莊子》的方法，在〈山木〉的注中說：

> 夫莊子推平於天下，故每寄言以出意，乃毀仲尼，賤老聃，上掊擊三皇，下痛病其一身也。

郭象說莊子論事，用「寄言出意」的方法，其實是說他自己注《莊子》所採用的方法。「寄言出意」和「得意忘言」，就它們作為哲學方法說，其意義是很接近的。《說文》謂：「寄，託也」，即寄託的意思。如嵇康〈琴賦〉：「吟詠之不足，則寄言以廣意。」王敦〈上疏言王導〉：「何嘗不寄言及此。」孫綽有「莊子多寄言」之語（見《文選》，沈約《宋書・謝靈運傳論注》）。「寄言出意」是說：寄旨於言，而在出意，它和「得意忘言」同樣注重在「得意」。但郭象與王弼的思路則有所不同。王弼「得意忘言」貴在「得意」，而以「用不離體」立論；郭象「寄言出意」，則重在「出意」，而以「即用是體」為言。王弼用「得意忘言」論證「以無為本」；郭象用「寄言出意」論證「造物無主」。郭象要論證「造物無主」，就要說明在

「有」之外再無「本體之無」（造物主）作為其生生化化者或作為其存在之根據，但在《莊子》中卻講了那麼多「無」，而且許多地方明顯地肯定「無」（「道」）的超越性和根源性，並認為「有」是由「無」所產生，如〈庚桑楚〉中說：「天門者，無有也。萬物出於無有，有不能以有為有，必出於無有。」〈在宥〉中說：「至道之精，窈窈冥冥；至道之極，昏昏默默。」〈天下〉中說：「建之以常無有，主之以太一。」等等。這些都說明，《莊子》的某些觀點和王弼的「貴無」思想大同小異。因此，郭象要建立起與「貴無」思想相對的「崇有」思想就必須改造甚至否定上引《莊子》的觀點。故而他採用了「寄言出意」的方法來注《莊子》，如上引〈在宥〉那段，郭象注謂：

> 窈冥昏默，皆了無也。夫莊老之所以屢稱無者何哉？明生物者無物，而物自生耳。自生耳非為生也，又何有為於已生乎！

郭象用這種「寄言出意」的方法，寄旨於莊老有「無」之言，而出其無「無」之意也，故〈齊物論〉注中說：「有無而未知無無也。」知道有「無」是不夠的，必須知道無「無」才可以。為什麼郭象要說明無「無」？蓋因王弼「貴無論」中的「崇本息末」其發展極易導致嵇康阮籍的「越名教而任自然」。然而魏晉玄學所要解決的問題之一是在老莊思想的基礎上調和「名教」與「自然」，即是要達到「不廢名教而任自然」的目的。為走出「越名教而任自然」的「誤區」，必從「貴無」而走向「崇有」之「無無」。

〈逍遙遊〉是《莊子》的第一篇，郭象在這篇的第一個注就提出他注《莊子》的基本方法，注謂：

> 鵬鯤之實，吾所未能詳。夫莊子之大意，在乎逍遙放達，無
> 為而自得，故極大小之致，以明性分之適。達觀之士，宜要
> 其會歸而遺其所寄，不足事事曲與生說，自不害其弘旨，皆
> 可略之。

郭象注《莊子》常用這種方法，並以此批評舊說。郭象提出，讀《莊子》應該融會貫通，以了解其精神所在和根本道理，至於細微末節和未可詳論者，均可以存而不論。然而要做到這一點，就必須撇開莊子那些寄託之辭，不必要每字每句、每事每物都詳盡生硬的解釋，只要是不妨害對其基本意思的把握，都可以略去。「生說」即「生解」，《高僧傳·竺法雅傳》中說：「以經中事數，擬配外書，為生解之例，謂之格義。」因此，「寄言出意」的意思是說：「言」是為了「出意」，但不能執著「言」，而以「言」為「意」，是要通過言以達其「意」，所以郭象說：「不能忘言而存意者，則不足。」

這裡我們看到郭象注《莊子》的兩個特點：

第一、對於一些名物、寓言等等，他往往不多作解釋，甚至存而不論，例如對「鵬」、「鯤」究竟為何物，他就沒有詳加考證，而漢人注解則必對「鵬」、「鯤」多方考證，甚至索強附會，此為漢人章句之學的特點。

第二、不是郭象注《莊子》，而是莊周注郭象。《莊子》中有〈漁父〉一篇，本是借漁父之口批評孔子不聞「大道」，不知「法天貴真」，郭象於此通篇只有一注於篇末，注謂：

> 此篇言無江海而閒者，能下江海之士也。夫孔子之所放任，

> 豈直漁父而已哉！將周流六虛，旁通無外，蠕動之類，咸得
> 盡其所懷，而窮理致命，固所以為至人之道也。

郭象這條注的意思是說：能遊於外的人才能下問遊於外的人。可是
孔子之所以能遊於外，難道只是像漁父那樣的遊於外嗎？孔子不僅
能遊外，而且可以「遊外以弘內」，因此普天之下以至蠕動之類，
都受其惠，而得以照其自性的要求生生化化；這正因為孔子能「無
心而順物」，所以他的「道」是「至人之道」。莊子以漁父為理想之
聖人，蓋因漁父為遊於外者也；而郭象的聖人必為「遊外以弘內」
者，此所以為郭象尊孔子故也。郭象的注，顯然是借注《莊子》來
發揮他自己的思想。

　　對魏晉玄學家來說最重要的問題之一是如何把「自然」與「名
教」統一起來，而通過注《莊子》來解決這一問題尤為困難。然而
郭象用他創造的「寄言出意」的方法，分三個步驟，以證成「不廢
名教而任自然」這一中心命題。

　　⑴用「寄言出意」的方法撇開莊子的原意，肯定周孔之名教不
可廢。

　　〈逍遙遊〉「藐姑射之山，有神人居焉」一段，莊子的本意是
要肯定遊於方外的「神人」，而否定遊於方內的所謂「聖人」。照莊
子看，「方外」高於「方內」。但郭象注，採用「寄言出意」的方法，
撇開莊周的原意，而闡發他「名教之不可廢」之旨，在上引《莊子》
的一段後，郭象有一條長注：

> 此皆寄言耳。夫神人即今所謂聖人也。夫聖人雖身在廟堂之
> 上，然其心無異於山林之中，世豈識之哉！徒見其戴黃屋，

> 佩玉璽，便謂足以纓紱其心矣；見其歷山川，同民事，便謂
> 足以憔悴其神矣；豈知至至者之不虧哉！……故乃託之於絕
> 垠之外而推之於視聽之表耳。處子者，不以外傷內。

這段注一開頭就說明莊子用的是「寄言」，這樣便於郭象利用《莊
子》中的話來說出他自己的「意」。接著，郭象把「神人」拉回到
人間，以「聖人」為當今的理想人格的人。「聖人」並不需要「離
人群」，他可以「身在廟堂之上」，而「心無異於山林之中」就可以
了。可是人們對這種名為「神人」的「聖人」無法理解，往往只看
到他「戴黃屋，佩玉璽」，就認為這些東西足以擾亂其心靈；看到
他「歷山川，同民事」，又認為這些活動會影響他們的精神。可是哪
裡知道，「至至者」（即「聖人」）並不受這些影響！郭象說：莊子
之所以要把「身在廟堂之上，然其心無異於山林之中」的「王德之
人」假託說成是姑射山的神人，正是為了說明世俗的人對這樣的「聖
人」無法理解，而不得不把他說成是在「絕垠之外」、「視聽之表」
的方外之士，以便使人們了解「聖人」是不會「以外傷內」的。

　　在《莊子・天地》中有段故事，說「堯治天下，伯成子高立為
諸侯，堯授舜，舜授禹，伯成子高辭為諸侯而耕」，禹於是去見子
高問其故，「子高曰：昔堯治天下，不賞而民勸，不罰而民畏。今
子賞罰而民且不仁，德自此衰，刑自此立，後世之亂自此始矣。」這
裡莊子顯然是對禹「有為」的批評，並且以為堯舜治天下高於禹。
但郭象的注則從另一角度為之解。他認為禹和舜一樣雖有天下而實
「有而無之」，對此孔子也沒有把他們三聖分高下。至於禹傳啟，
也並不是禹要「有為」，而是那個時代再沒有「聖人」了，所以是
「天下之心儀然歸啟」。對此不了解的廉節之士批評禹。因此，郭

象認為對莊子之言「不可以一途詰」，那不能只作片面的了解，就像不能用黃帝所作所為（跡）來批評堯舜一樣，而去「貴堯而賤禹」。「故當遺其所寄，而錄其絕聖棄智之意」。蓋因「聖」不可學、「智」不可求，學只是學聖人之跡。禹為三聖之一，「其人雖三聖，故一堯耳」。他的所作所為「至公而居當」，不是故意為之，他的「有為」實是「無為」，不因其「有為」而影響他為如堯一樣的「聖人」。從這裡我們可以看出，郭象把「治天下」的「聖人」往往都解釋為「不以外傷內」者。

　(2)用「寄言出意」的方法，形式上容納周孔之「名教」，實質上發揮老莊之「自然」。

　　魏晉玄學本來是老莊思想在新的歷史條件下的繼承與發展，儘管它企圖齊一孔老、調和「自然」與「名教」，甚至在言辭上把孔子抬高到老莊之上，但它畢竟是以老莊思想為基礎的一種思潮。因此，郭象注《莊子》不僅要隱去某些莊子的原意，以便容納周、孔之「名教」，更主要的是必須給儒家「名教」以新的內容，來適應玄學思想體系的需要。所謂「新內容」，並非全新，實為老莊「自然無為」思想之變種。

　　在〈駢拇〉注中，郭象說：「夫仁義者，自是人之情性，但當任之耳。」就這點看，郭象雖與儒家的傳統思想不完全相同，但亦與老莊思想並不一致。因此，我們必須進一步看看郭象對「仁義」如何解釋。《莊子・天道》中有一段孔子和老子關於「仁義」問題的討論，莊子的本意是想借此來否定儒家的「仁義」，文中說：「孔子曰：中心物愷，兼愛無私，此仁義之情也。」接著老子批評孔子說：「兼愛不亦迂乎！無私焉乃私也。」並指出孔子所說的「仁義」是「亂人之性」的。郭象對孔老這段討論，有好幾條注解，首先他把

孔子說的「仁義」說成是一般人的看法，注謂：「此常人之所謂仁
義者也，故寄孔老以正之。」 既然孔子講的「仁義」是一般人的看
法，因此莊子在這裡乃是寄託於孔老的討論以糾正一般人的看法，
以便使人們對「仁義」有正確的認識。於是郭象對老子批評孔子話
加以注解說：「夫至仁者，無愛而直前也」；「世所謂無私者，釋己
而愛人；夫愛人者，欲人之愛己，此乃甚私，非忘公而公也。」 又
於「亂人之性」句後注曰：「事至而愛，當義而止，斯忘仁義者也，
常念之則亂真。」表面上看，郭象是維護孔子，也沒有否定「仁義」，
但他把孔子所謂的「仁義」說成是常人對「仁義」的了解，並加以
批評，謂「夫愛人者……非忘公而公」云云，實際上正是批評儒家
的「仁義」觀點。那麼照郭象看，對「仁義」正確的了解又應該是
怎樣的呢？他說：「夫至仁者，無愛而直前。」並把這說成是孔老共
同的看法。實際上這正是道家的語言，而非儒家的思想。照老莊道
家的觀點看，所謂「愛」， 如果是有目的的去做，那就是「私」，是
「欲人之愛己」， 這樣就會破壞人與人之間的自然關係，所以老子
說：「絕仁棄義，民復孝慈。」只有絕棄「仁義」這些人為的東西，
老百姓才會恢復自然本性。所謂「直前」， 意謂任自然無為而保性
命之真。這樣一來，郭象用「寄言出意」的方法，利用儒家「仁義」
之名言，實之以道家「自然無為」之內容，然後加以肯定，於是儒
家思想道家化了。

　　《莊子・天地》中還有一段講到堯治天下時，立伯成子高為諸
侯，而至禹時，子高辭為諸侯，禹問子高其故，「子高曰：昔堯治
天下，不賞而民勸，不罰而民畏。今子賞罰而民且不仁，德自此衰，
刑自此立，後世之亂自此始矣。夫子闔行邪？無落吾事！」 莊子這
裡顯然是對禹「有為」的批評，郭象對此有一長段的注解，他說：

夫禹時三聖相承，治成德備，功美漸去，故史籍無所載，仲
尼不能聞（按：意謂此三聖在孔子看來也沒有辦法區別），……
故考其時而禹為最優，計其人則雖三聖，故一堯耳。時無聖
人，故天下之心俄然歸啟（按：意謂在禹之後，天下無聖人，
因此老百姓的心都歸向於啟了）。夫至公而居當者付天下於百
姓，取與之非己，故失之不求，得之不辭，忽然而往，侗然
而來，是以受非毀於廉節之士，而名列於三王，未足怪也（按：
意謂禹雖受毀如伯成子高這樣的廉節之士，然名仍列於三王，
是沒有什麼奇怪的）。莊子因斯以明堯之弊，弊起於堯，而釁
成於禹，況後世之無聖乎（按：此意謂莊子根據堯傳舜，舜
傳禹，似成定規，而這種定規實是一種「跡」，把「跡」當成
定規，所以是弊病，這種弊病是由堯時開始的，但還未成為
事實，到禹以後，由於沒有聖人，仍然追求已成之陳跡，這
樣弊病就顯露出來了）。寄遠跡於子高，便棄而不治，將以絕
聖而反一，遺知而寧極耳，實未聞也（按：意謂這裡寄旨於
子高之遠跡，便以為可以對天下棄之不治，這並不合於「絕
聖棄智」的意思）。夫莊子之言，不可以一途詰，或以黃帝之
跡禿堯舜之脛，豈獨貴堯而賤禹哉！故當遺其所寄，而錄其
絕聖棄智之意焉。

這段話最重要的是最後幾句，郭象的意思是說：莊子的言論，不能
從一個方面去理解；如果只從一個方面去理解，那就不能透過其所
寄於言而明「言外之意」。例如，如果根據黃帝所作所為（跡）去
要求堯舜，那就是執著於「跡」，而不知「所以跡」，因此也就不能

抓住堯舜時代的「跡」來要求於禹。這是由於時代不同，我們應該撇開其所寄託的表面言辭，而把握其「絕聖棄智」的意義。

郭象的《莊子注》中不少地方運用這種方法，在形式上不否定周孔的思想，但在實質上即在發揮著老莊的思想。然而儒家和道家畢竟是不同的兩種思想體系，很難在傳統的儒家或傳統的道家任一模子裡把兩種不同的思想都包容而無矛盾，但郭象卻要求調和儒道這兩種不同的思想，這樣就不能不創造一種方法，在高一層次上超出傳統的儒道，而提出一種新的理論。

(3)用「寄言出意」的方法，齊一儒道，調和「自然」與「名教」，發明其玄學新旨。

上述一、二兩點，雖都是用「寄言出意」的方法，但它們只是達到第三點之階梯，還談不上是郭象主要論證的問題，也就是說還不能全面把握郭象玄學的新思想。那麼郭象的玄學新思想是什麼？他又如何用「寄言出意」來發揮他的玄學新思想呢？

郭象的玄學新思想用〈莊子序〉的話說，就是他申明的「明內聖外王之道」。「內聖外王之道」，就現在所知，最早見於《莊子・天下》，照《莊子・天下》的意思，先秦各家都是要「明內聖外王之道」的，但所要發明的卻各不相同。那麼郭象要發明的「內聖外王之道」是如何呢？我認為，郭象所要說明的「內聖外王之道」就是「遊外以弘內」，「無心以順有」。「遊外以弘內」，意謂「即世間而出世間」，則可不廢「名教」而徒合「自然」。「無心以順有」，即謂「無心而任乎自化」，則「不自用心」（不以自己之心為心，而任物之心）而應物合俗。如果說，「遊外以弘內」是郭象心目中的最高境界，那麼「無心以順有」則是達到聖人這一最高境界的手段。故「無心以順有」就成為「名教」通向「自然」，或「自然」寓於

「名教」之間的橋梁。從這裡我們可以看到，郭象所提出的「內聖外王之道」，無疑是中國哲學史上的一種新思想。郭象的這一新思想在當時條件下，可以說解決了時代所要解決的難題。它既可繼承和發揮老莊「自然無為」的思想，又可不廢周孔「道德教化」之事功；這實為當時統治者和士大夫所歡迎。郭象論證這種新思想的方法就是「寄言出意」。在〈大宗師〉中記載著一段孔子向子貢說他自己與方外之士子桑戶、孟子反、子琴張的不同的話，孔子說：「彼，遊方之外者也；而丘，遊方之內者也。內外不相及，而丘使汝往弔之，丘則陋矣。」云云照莊子看，「遊方之內者」與「遊方之外者」是兩類不同的人，故「內外不相及」，但郭象的注說：

> 夫理有至極，外內相冥，未有極遊外之致而不冥於內者也，未有能冥於內而不遊於外者也。故聖人常遊外以弘內，無心以順有，故雖終日揮形而神氣無變，俯仰萬機而淡然自若。夫見形而不及神者，天下之常累也。是故覩其與群物並行，則莫能謂之遺物而離人矣；覩其體化而應務，則莫能謂之坐忘而自得矣。豈直謂聖人不然哉？乃必謂至理之無此。是故莊子將明流統之所宗以釋天下之可悟，若直就稱仲尼之如此，或者將據所見以排之，故超聖人之內跡，而寄方外於數子。宜忘其所寄以尋述作之大意，則夫遊外弘內之道坦然自明，而莊子之書，故是涉俗蓋世之談矣。

照郭象看，最根本、最高的道理（至理）是「遊內」與「游外」的合一，沒有能最佳「遊外」的而不是最佳「遊內」的，也就是說「極高明必能道中庸」，聖人正是這樣「常遊外以弘內」。聖人可以「終日

揮形，而神氣無變」，「俯仰萬機，而淡然自若」。可是一般人往往只是從形式上看聖人，而不能了解聖人的內在精神，看到聖人和老百姓在一起，隨順百姓之心以應務，就認為聖人和一般人一樣了，這豈不是說無所謂聖人了嗎？這哪裡是「內外相冥」的道理呢？可是莊子為什麼不直接說孔子是「內外相冥」的聖人呢？這是因為如果直接說孔子就是「內外相冥」的聖人，那些不能透過外在形式來了解事物內在本質的人就會根據一些表面現象提出疑問，因此莊子為了說明根本的道理，開導天下迷惑的人，就寄託孔子於方內，而把子桑戶等說成是方外的，但讀《莊子》應忘掉那些假託之辭，而尋求其根本的道理，這樣才能了解「遊外弘內」之道，而不至於囿於世上的俗說。

這裡郭象用「寄言出意」的方法，既論證了「名教」之不可廢，又說明了孔子所作所為均能「德合自然」， 並且通過這些步驟而得出「遊外以弘內」的結論，以明「名教」與「自然」之統一。所以我們說，郭象的「寄言出意」， 意欲寄託《莊子》之言，以出其玄學之新義也。如果不借《莊子》言之，則無以出郭象之新思想；如果執著《莊子》之辭句，同樣不可能出郭象的玄學新義。

如果說用「寄言出意」的方法隱去莊子的原意，而存周孔之「名教」為正命題；「寄言出意」的方法在形式上容納周孔之「名教」，而實際上是要發揮老莊之「自然」為反命題；那麼用「寄言出意」的方法齊一儒道，調和「自然」與「名教」以發明其玄學新旨就是合命題了。此一「正─反─合」辯證的方法論，或是了解郭象注《莊子》的意義所在。郭象生活之時，正是當權統治集團面臨「越名教而任自然」、「非湯武而薄周孔」的玄風流行之後，此玄風既有適合這個集團生活所需要的一面， 也有損害他們集團統治利益的一面，

因此如何保存其所需要的一面而又能克服其損害其統治的一面，這是當時玄學思想家必須解決的問題。可以看到，要解決這個問題，首先需要為「名教」在玄學中爭得一席之地，否則將不利於統治集團的統治，因此郭象對「名教」作了某種肯定；然而這種肯定又必須是在玄學範圍之內的肯定，否則郭象的哲學也就不成其為在老莊思想基礎上的玄學了，因此不得不在某種程度上把周孔老莊化，把「名教」容於「自然」之中，以達到既可不廢「名教」，又能順應「自然」，而創造出「遊外以弘內」，「無心以順有」這樣頗有新意的玄學命題，這就是郭象的「內聖外王之道」。

郭象的「寄言出意」，從思維方式上看，可以說是一種調和矛盾的方法，而且是一種通過否定而達到肯定的方法。這種注意到事物之間的矛盾性和「否定」的意義，從方法學上說無疑是非常重要的。郭象和莊子一樣，對事物之間的矛盾有深刻的認識。對待矛盾，莊子往往是用相對主義來取消矛盾，而郭象則是用異中求同的方法和通過否定達到肯定的方法來消解矛盾。

(二)辯名析理

「辯名析理」是魏晉玄學的一種方法，但這種方法並非是魏晉玄學家首創的，而是由先秦名家所首創，如公孫龍之論「白馬非馬」，墨辯之論名實。在〈郭象的《莊子注》與《莊子》的舊說〉一章中已對郭象「辯名析理」的方法有所論述。照我看，魏晉玄學雖是一種「名理之學」，但「名理之學」並非即是魏晉玄學，例如《世說新語》中說裴頠善言名理，但「不達虛勝之道」，所以「善言名理」者，並不一定善於通達「虛無貴勝之道」的玄學問題。因此郭象也並不認為「辯名析理」為玄學的最重要的方法，故他說：這種方法

「無經國體致，真所謂無用之談也」。從這裡看，郭象雖為一高明的玄學家，他仍如中國的許多士大夫一樣有著「經國治世」的抱負。因此，他嚮往的玄學是要既玄遠又能實行的，這點可於其〈莊子序〉中看出，他說：「夫莊子者，可謂知本矣。故未始藏其狂言，言雖無會，而獨應者也。夫應而非會，則雖當無用；言非物事，則雖高不行。」郭象注《莊子》就是企圖把這種高超的玄學思想使之成為「既高又能行」的理論。那麼用什麼方法可以把莊子的思想（即郭象所注的莊子的思想）變成為其「不治之治」的「內聖外王之道」呢？這就是上面討論的「寄言出意」的方法。但「寄言」，就要對「言」（名詞）作分析，故要「辯名」；「出意」就要對「意」有所指示，於是也就要「析理」了。所以「辯名析理」雖不能「經國體致」，但對建立玄學體系仍有重要意義。

　　所謂「辯名析理」，「辯名」，因為「名」是指「實」的，把指「實」之「名」搞清楚了，那麼就知道「名」之所指，故有此「名」就有此「名」所指之「實」，王弼說：「不能定名，則不可以論實也。」如果不能給所指之「實」以固定的名稱，那麼就無法討論「實」的各種意義。郭象也說：「名當其實，故由名而實不濫。」名實相當，那麼就可以由「名」了解「實」的意義。故郭象又說：「名者，天下之共同也。」「名」定下來就成為所有人共同用的了。由於據「實」之「名」立，那麼此類之「實」之為此類「實」應符合此類「實」之「名」之標準。所以「辯名」就是要對一個名詞下定義，例如劉劭《人物志》對「英雄」所下的定義為：「聰明秀出者為英」，「膽力過人者謂之雄」，「英雄」則是兼二者而有之。張良符合「英」的標準，故為「英」；項羽符合雄的標準，故為「雄」；而劉邦符合「英雄」的標準，故為「英雄」。故「名」是指一個概念，對「名」這個概

念下的定義則形成判斷（即命題）。「名」往往是指「應然」（應該
如此），「實」指「實然」（實際如此），但「應然」並不一定都會在
現實中有其實際的例子，所以這樣就會發生「名」與「實」脫節的
狀況。出現「名」與「實」脫節的狀況可能有多種原因：一是給「名」
下的定義並不反映「實」，「名不當實」；也可能是給「名」下的定
義雖然是合理的，但是只是理想中的合理，而並非現實中已有之例；
還可能因不同思想家給同一「名」所下的定義不同，而所指的「實」
自然也就不同，而從此一思想家看彼一思想家給「名」下的定義是
「名實不當」的，反之亦然。例如王弼釋「道」為「無」和郭象釋
「道」為「無」的意思根本不同。所以在漢魏之際，「辯名」是非
常重要的。因為對「名」（概念）的涵義搞清了，才有可能對其所
建立的理論做出清楚明白（或者合理）的表述或分析，這就是漢魏
之際的「名理之學」。

　　所謂「名理之學」，在漢魏之際開始時大體上是討論「名份之
理」，人君臣民各有其職守，如何使之名實相符，又如何使名實相
符而天下治，此為政治理論的問題。後來漸漸進而討論鑒識人倫的
標準問題，於是討論趨向於「辯名析理」，而向著抽象原理或概念
內涵之「應然」方面發展。例如曹魏當政時有所謂「四本才性」問
題的討論，《世說新語・文學》「鍾會撰《四本論》」條注引《魏志》
曰：

　　　　四本者，才性同，才性異，才性合，才性離也。尚書傅嘏論
　　　　　同，中書令李豐論異，侍郎鍾會論合，屯騎校尉王廣論離。

鍾會等四家討論才性問題的具體內容因無可查之具體史料，故不可

得而知，但所討論的形式已進入抽象的「名理」則是無疑的。晉袁
準〈才性論〉說：「性言其質，才言其用。」這或是魏晉之際對「才」
與「性」的涵義的最一般的看法。例如劉劭《人物志》認為，「才」
是「性」的表現，「弘毅」之才是「仁」性的表現；「通微之才」是
「智」性的表現；「筋勁」之才是勇性的表現；而「平淡無味」是
聖人「中庸之質」的表現等等。但劉劭《人物志》中的這些討論大
概還算不上真正的玄學的「名理之學」，或可謂為準玄學之「名理
之學」。因為劉劭討論才性問題，目的還僅僅是為「才」找一內在
的根據，而重點還不在討論難言之域的「性」的問題。到何晏王弼
時，則主要是討論對「性」的看法了。何晏《論語集解》注「夫子
之言性與天道不可得而聞」謂：「性者，人之所受以生也。」這是給
「人性」下的定義，但人同樣具有此「性」，而為什麼又往往表現
得很不相同呢？何晏解釋說：「凡人任情，喜怒違理；顏淵任道，
怒不過分。遷者，移也。怒當其理，不移易也。」（《論語集解》卷
三）這裡又提出「性」與「情」、「性」與「理」的關係等等，這就
不僅要「辯名」而且要「析理」了。王弼對這一問題進一步作了理
論上的分析。王弼在〈答荀融難大衍義〉中發揮了何晏的這一觀點，
提出聖人雖然「明足以尋極幽微」，可是遇到顏淵仍然不能無樂，而
顏淵死去也不能無哀，喜怒哀樂乃「自然之性」，聖人也不能去掉，
只不過聖人可以做到「以情從理」罷了。在王弼的《周易・乾卦・
文言》注中說：「不為乾元，何能通物之始？不性其情，何能久行
其正？」可見「性」是合「理」的，用「性」來規範「情」，就是「以
情從理」。這樣一來「人性」問題就和「天理」問題聯繫起來了。
進而王弼提出，事物的存在必有其事物存在的道理，「物無妄然，
必由其理」（《周易略例・明象》），這就是由「辯名」而進入「析

理」。「辯名析理」於是成為魏晉玄學的重要方法之一。茲以「天」、「道」二概念為例，以示郭象如何運用「辯名析理」的方法為其建立「崇有獨化」之思想體系之用。

「天」在中國哲學中本有多重涵義，有主宰之「天」的意思，有道德之「天」的意思，有自然之「天」的意思，有命運之「天」的意思，有神秘之「天」的意思等等。而郭象之「崇有」思想意在否定「天」之造物主的地位，故必須給「天」這個概念下一個定義。從他的《莊子注》中可以看出，郭象從兩個方面來說明「天」的涵義：「天也者，萬物之總名也」；「天者，自然之謂也」。而這兩方面的涵義是相聯繫的，如他說：「天地者，萬物之總名也。天地以萬物為體，而萬物必以自然為正。自然者，不為而自然者也。」從這段話看，「天」只是一個名稱，即萬物的總名稱，而不是什麼外於萬物的東西，故〈齊物論〉注「天籟」謂：「夫天籟者，豈復別有一物哉！即眾竅比竹之屬，接乎有生之類，會而共成一天耳。」因此，「天」就是萬物之全體，或者說總萬物為一天，這是就實體方面來說明「天」的意思。說「天者，自然之謂也」，意思是說「天」就是萬物存在的自然而然的狀態，「天」對萬物沒有什麼作用，所以「天」是「不為而自然者也」。〈山木〉注中說：「凡所謂天，皆明不為而自然。」〈在宥〉注說：「天，無為也。」這說明，「天」不能做什麼，是無目的、無意志的，這是就「天」的功能方面說的。因為「天」只是「萬物之總名」，只是萬物總體的名稱，因此它的功能只是「自然無為」。

為什麼「天」是「萬物之總名」？為什麼「天」是「自然無為」的？這必須有論證，有論證才可以叫「析理」。照郭象看，如果「天」不是「萬物之總名」，那麼它就是外於「萬物」的另一東西，可是

這外於萬物的東西怎麼能產生千種萬般不同的東西。如果「天」不是外於萬物的，那麼它就只能是「萬物之總名」了，郭象說：

> 天且不能自有，況能有物哉！故天者，萬物之總名也。
> （〈齊物論〉注）

在〈德充符〉注中說：「天不為覆，故能常覆；地不為載，故能常載。使天地而為覆載，則有時而息矣。」這是說，天地的覆載不是為了什麼目的而覆載萬物的；如果為了什麼目的而覆載，那麼就可能有不覆的時候，這怎麼可能呢？因此「天地」是「不為而自然」的。正因為「天」是「萬物之總名」，所以「天」是「無為」的，只是「萬物」之「自為」，這種「任自然」是萬物的正常狀態。故在〈則陽〉注中說：「殊氣自有，故能常有。若本無之，而由天賜，則有時而廢。」如果萬有是由「天」做成的，那麼有的時候就可能沒有「萬有」，那怎麼可能呢？只能是萬物自有，才可以無時不有。這一看法和郭象把宇宙看成是無限的永恆存在的思想是一致的，〈庚桑楚〉注中說：「宇者有四方上下，而四方上下未有窮處」；「宙者有古今之長，而古今之長無極。」

　　郭象在說明「天道」時謂：「不為此為，而此為自為，乃天道。」（〈天地〉注）又說：「物各自生，而無所出焉，此天道也。」（〈齊物論〉注）在說明「天德」時謂：「任自然之運動。」（〈天地〉注）郭象的《莊子注》中與「天」相連的名詞概念有很多，如「天理」、「天門」、「天成」、「天性」、「天行」、「天均」等等，都是由「天」的本義，「天者萬物之總名」，「天者，自然也」引申出來的，與「天」的本義相一致。現擇其要者釋於下。

〈庚桑楚〉注中說：「天門者，萬物之都名也。謂之天門，猶云眾妙之門也。」按，此處「眾妙」即萬物，「天門」是就總萬物說的，並非說萬物之外另有一「天門」。故郭象的所謂「天門」，就是「以『無』為門，以『無』為門，則無門」（〈庚桑楚〉注）。蓋因「死生出入，皆欻然自爾，未有為之者也。然有聚散隱顯，故有出入之名；徒有名耳，竟無出入，其門安在乎？」（〈庚桑楚〉注）照郭象看，「死生出入」都是沒有什麼使之者的自然而然的現象。這是由於他認為事物的「死生出入」在自然界之中不過是「聚散隱顯」而已。事物雖有「聚散隱顯」等等的變化，但「變化相代，原其氣則一」，一切都是「氣」自身的變化，哪裡有另外一個超越萬物之上的不同於萬物的「門」呢？由此可見，郭象的「天門」正是「天也者，萬物之總名」的延伸也。

〈刻意〉注中說：「天理自然，知故無為乎其間。」這裡郭象對《莊子》「去知與故，循天之理」的注，意思是說「天理」是自然而然的，「知」（按，指用心，郭象注「不思慮」為「付之天理」）和「故」（按，指有意）都是無能為力的，只有「無為」才是符合「天理自然」的。故郭象注〈天下〉「故曰至於若無知之物而已，無用賢聖」句謂：「故聖人然後能去知與故，循天之理，故愚知處宜，貴賤當位，賢不肖襲情，而云無用賢聖，所以為不知道也。」

〈刻意〉「故曰聖人之生也天行」郭注謂：「任自然而運動。」「任自然而運動」即萬物自身之運動也，此即「天行」。

〈寓言〉注「天均」謂：「天均齊者，豈妄哉！皆天然之分。」照郭象看，「物各有性」，雖有大小、長短、美醜之分，然而這些分別都是天然如此的，因而從均可以「自足其性」說，都是一樣的，故〈齊物論〉注中說：「夫以形相對，則大山大於秋毫也。若各據

其性分，物冥其極，則形大未為有餘，形小不為不足。苟各足於其性，則秋毫不獨小其小而大山不獨大其大矣。若以性足為大，則天下之足未有過於秋毫也；若性足者非大，則雖大山亦可稱小矣。……苟足於天然而安其性命，故雖天地未足為壽而與我並生；萬物未足為異而與我同得。則天地之生又何不並，萬物之得又何不一哉！」「天均」並非「天」使之均齊，而是萬物之性分從可以「自足其性」方面說都是無分別的。

　　我看，不須再多舉例子了，從上面所引的郭象《莊子注》中與「天」有關的名詞概念可以看出，他對如「天門」、「天理」等的辯析是和他給予「天」的基本涵義是一致的。從這點看，郭象的理論體系相當嚴謹，說明他在運用「辯名析理」有著方法論上的自覺。

　　我們再來看看郭象對「道」是如何解釋的。王弼對「道」的解釋說：「道，無之稱也。」郭象則認為：「至道乃至無也。既以無矣，又奚為先？」這顯然是對王弼「貴無」學說的批評，「道」是「至無」，又如何能生「有」呢？故郭象說：「道不逃物。」「道」不能離開「物」（〈知北遊〉注），又說：「物之所由而行，故名曰道。」（〈則陽〉注）「道」是物之所由而行的「道路」，離開了「物」就無所謂「道」，故「道」既不是實體性的，也不是作為「物」存在根據的本體，更不是造物主，就這個意義上說「道」不是什麼，所以它不能先於「物」而有，故「至道」又可名「至無」。所以郭象說：「知道者，知其無能也，無能也則何以生我，我自然而生耳。」（〈秋水〉注）「道」是什麼也不能做的，因此事物都是自然而生成的。〈知北遊〉注說：「至道無功，無功乃足以稱道。」此說「道」對萬物的沒有什麼功用。〈天下〉注謂：「道無所不在，而云土塊，乃不失道，所以為不知。」〈應帝王〉注：「塊然，無情之貌。」此言「道」無情、無知也。

總之，郭象認為「道是物之道」，它不能離開物而獨存，因此在〈庚桑楚〉注中說道：「夫春秋生成，皆得自然之道，故不為也。」按此說「春秋生成」指自然界，亦即萬物，自然界的萬物都是自然而然生成的，這就是「自然之道」。按此「自然之道」是為了否定「道」的「主宰」意義，和獨立於「物」之外的實體意義。

　　除了郭象對「道」的上述說法之外，他還有與上述說法相聯繫的說法，如他屢稱「道無所不在」的〈大宗師〉注中說：「言道無所不在也。故在高為無高，在深為無深，在久為無久，在老為無老，無所不在，而所在皆無也。」照郭象看，「道無所不在」的意思是，存在的只有「物」，所以對高的物說，高是物本身的高，而不是「道」使之高或不高，也不是「道」有什麼高或不高，所以「道」在高為無高。既然「道」對「物」說，它既不能為「高」、為「深」等等，因此「道」雖無所不在，但它對「物」的存在來說是沒有什麼作用的。故〈則陽〉注謂：「道故不能使有，而有者常自然也。」這就是說，郭象認為「道」對「物」的性質是沒有意義的，而對物的性質有意義的只是它的「自性」。如郭象說：「言物之自然，各有性也。」（〈天運〉注）「不知其然而自然者，非性如何。」（〈則陽〉注）

　　郭象否定「天」，並不是要拋棄「天」這個概念，否定「道」，也不是要拋棄「道」這個概念，而是給它們不同於王弼或其他玄學家不同的涵義，並對此作出適合他思想體系要求的論證，這就是他的「辯名析理」的功夫。郭象要建立其「崇有」哲學的思想體系，同樣還得給「無」以不同於王弼的解釋。郭象說：「無，至虛之辭。」他所說的「至虛」就是字面上的「至虛」的意思，意即「無」所表示的就是什麼都沒有的意思，「無既無矣」；「無者何？明生物者無物」，「無」就是「無物」(nothing)，「無」不是什麼，即謂「無」是

「不存在」的意思，它等於「0」。 所有這些給「無」所作的描述，即「辯名」，都是為否定「無」能生有的。所以我們也可以把郭象的「崇有論」叫作「無無論」。在〈齊物論〉注中說：「有無而未知無無者也，則是非好惡猶未離懷。」此雖為討論境界問題，然亦可見郭象「無無」之意義。為了進一步否定「無」作為造物主的意思，並論證「有」是唯一的存在，郭象在《莊子注》中頗用了一些力氣反覆加以論證，如他說：「夫老莊之所以屢稱無者何? 明生物者無物，而物自生」；「無既無矣，則不能生有」；「此所謂有不能以有為有，自有耳，非謂無能為有。若無能為有，何謂無乎?」按：「有」也不能是生「有」者，如「有」是生有者，那麼此生有者將成為造物主；「夫無有何能生? 建之以常無有，則有物之自建也」等等。這裡郭象如此之否定「無」， 都是為了一個目的，即肯定「有」是唯一的存在，而不承認在「有」之外（之上・之後）還存在一個造物主或者比有更根本的實體。關於郭象所論「有」與「無」的問題將在下章討論。而「無無論」之境界問題也在以後各章中討論。

　　郭象為什麼要否定「無」作為造物主，除了是為其「崇有」思想的建立掃清道路外，也還有為調和儒道、為「名教」留下地盤的意義。如果承認「無」是「有」的創造者，或認為「無」比「有」更根本，那麼人們只要去追求「無」這個超越的東西，以達到「玄冥之境」就可以了，那還用管什麼「名教」；人們只要「拱默山林」、「逍遙無為」、出於「六極之外」、遊於「無何有之鄉」，哪還能「遊外以弘內」呢!「歷山林，同民事」、「戴黃屋，佩玉璽」，豈不可以根本否定了嗎! 聖人豈不將「獨異於世」、「背俗而用我」了嗎? 然而郭象的玄學新義，雖然崇尚自然，但亦不能廢棄「名教」， 只有否定「無」的造物主地位，才能齊一儒道，調和「自然」與「名教」。

就以上所述，我們可以清楚地看到，郭象對「天」、「道」以及「有」、「無」的解釋和種種論證，都表現著他為建立「崇有」、「獨化」思想體系運用「辯名析理」這種方法的功力。

中國歷史上一直有注釋經典的傳統，「寄言出意」、「辯名析理」只不過是多種注釋經典方法中的兩種。漢朝注釋經典多採用章句的方法，一章一句甚至是一字地作詳細解釋，還有用「緯」證「經」的方法，形成緯書系統。到魏晉則為之一變，玄學家或用「得意忘言」、「寄言出意」，或用「辯名析理」的方法。佛教傳入以後，對佛經也有各種不同的注釋，有「音義」、「音訓」等等。隋唐以來，由於在我國形成了若干佛教宗派，而對佛經的注釋又往往依各宗派思想之不同而為之注，例如對僧肇的《肇論》有依三論宗思想為之注者，有依華嚴宗思想為之注者。道家和道教對經典的注釋亦多有不同。因此，在中國對經典的注釋或是「六經注我」或是「我注六經」。根據這些情況，如果我們對中國歷史上所有過的對經典的注釋方法加以梳理，也許可以總結出一套中國傳統的解釋學的方法和理論來，這或者可以豐富今日流行於西方之解釋學(Hermeneutics)。

㈢否定的方法

在中國哲學中運用「否定」作為一種論證方法，也許可以說老子是最早加以運用和運用得最為出色的。以後中國的許多哲學家都採用「否定」的方法作為他們建立哲學體系的重要方法，由於這種方法不肯定什麼，又往往被稱之為「負的方法」。我們在《老子》書中可以找到一些他提出的與「否定」的方法相關的命題，如「正言若反」、「反者道之動」等等。但我認為，他提出的「無為而無不為」這一「通過否定達到肯定」作為一種方法，可以說更有意義，

表現了老子對「否定」有了方法論上的自覺。「無為」是對「有為」的否定，而正是由對「有為」的否定恰恰可以成就「有為」。 例如《老子》第四十八章中說：「取天下常以無事，及其有事，則不可以取天下。」對於「取天下」，「無事」是否定的意義，而「有事」是肯定的意義，而照老子看不是以「有事」去取天下才可以有天下，而是以「無事」才可以取天下，這正像郭象所說的「以不治治」的意思。因此，就老子說，在這方面他對中國哲學在方法論上的貢獻至少有兩點：

(1)他認識到「肯定」與「否定」是一對矛盾，而且「否定」作為方法比「肯定」更有意義，從「否定」方面了解事物比從「肯定」方面了解事物會更為深刻；

(2)「否定」中包含著「肯定」，用「否定」來對待「肯定」(事物)是一種十分重要的完成「肯定」(事物)的方法，或者說是完成更高一層次「肯定」(事物)的方法。

在這裡我們把老子「無為而無不為」作為一種方法加以模式化，可以這樣來表達：「通過否定達到肯定。」在郭象注《莊子》中常常用這種方法來論證或闡述他的理論，例如他提出「相為於無相為」，「相與於無相與」等等。其意為，在「無相為」中才可以實現「相為」；在「無相與」中才可以實現「相與」。〈大宗師〉注中說：

> 此二人（按：指子輿與子桑）相為於無相為者也。今裹飯而相食者，乃任之天理而自爾，非相為而後往也。

按：《莊子》中說：子輿和子桑是好朋友，子桑生病，「子輿裹飯而往食之」。 郭象注了上面那段話。表面上看，子輿好像是因為子桑

生病，故帶飯送給子桑吃。但其實郭象要說明的是，子輿並不是為子桑生病而帶飯去給他吃，他只是「任之天理而自爾」，所以是「相為於無相為」。正是「無相為」而實現了「相為」的意義。「無相為」是對有某種目的的「否定」，而這種對有目的的「否定」恰恰實現了某種目的（「相為」）。

在《莊子・大宗師》中還有一段話：「子桑戶、孟子反、子張琴三人相與友，曰：孰能相與於無相與，相為於無相為？孰能登天遊霧，撓挑無窮，相忘以生，無所終窮。」郭象有以下一段注：

> 夫體天地，冥變化者，雖手足異任，五藏殊官，未嘗相與而百節同和，斯相與於無相與也；未嘗相為而表裡俱濟，斯相為於無相為也。若乃役其心志以卹手足，運其股肱以營五藏，則相營愈篤而外內愈困矣。故以天下為一體者，無愛為於其間也。

莊子這段話的意思是說：子桑戶等三人之間能在並不相互關懷（無心）中而能成為莫逆；能在不為對方做什麼（無為）中而成就對方的一切。超然物外，遊於無窮，忘掉生死，不受什麼限制。郭象對莊子思想的解釋，實際上也是對老子「無為而無不為」這種「否定」思維模式之發揮。郭象解釋說，能夠體證天地之變化而與之為一體者，就像手足、五臟等的功能不同，並非是為互相的關懷而能相和同，並非是要為互相的作為而能相幫助，這就是因為「相與於無相與」、「相為於無相為」。如果你有意去做什麼，得到的結果將是內外交困，「故以大下為一體者，無愛為於其間」。這種思維模式也正是郭象的「獨化」思想的具體化，在〈大宗師〉注中說：「夫相因

之功，莫若獨化之至也。」　這就是說任何事物都應是獨立自足的生
生化化，不是有意去為別的事物去做什麼，這反而對別的事物有最
大的功用。所以「神人者，無心而順物者也」（〈外物〉注）。「無心
而順物」不是要肯定什麼，而是要不斷地排遣一切「用心」。　郭象
對《莊子・齊物論》「今且有言於此，不知其與是類乎？其與是不
類乎？類與不類，相與為類，則與彼無以異矣」的注說：

> 今以言無是非，則不知其與言有者類乎不類乎？欲謂之類，
> 則我以無為是，而彼以無為非，斯不類矣。然此雖是非不同，
> 亦固未免於有是非也，則與彼類矣。故曰類與不類又相與為
> 類，則與彼無以異也。然則將大不類，莫若無心，既遣是非，
> 又遣其遣。遣之又遣之以至於無遣，然後無遣無不遣而是非
> 自去矣。

按：如果說莊子「齊物論」思想是要「遣是非」，　那麼這裡郭象的
注則是要「既遣是非，又遣其遣」。　因此，在這裡表明郭象對「否
定」的意義的體認又更有所進了。「否定」作為一種思維方式固然
重要，但如果對「否定」加以「肯定」，　那麼「否定」就會失去作
為「否定」的意義。這正如佛教的般若學的「破相」一樣，《大智
度論》中說：

> 如服藥，藥能破病，病已得破，藥亦應出。若藥不出，則得
> 是病。以空滅諸煩惱，恐空復為患。是故以空捨空，是名空
> 空。

對於「是非」問題的爭論，無論同意哪一方面，都會造成有所執著，
這就仍然會成為一種「是非之爭」，仍不是「無是非」，就像為了消
除「無是非」，而執著「無是非」，這就成了病因藥已除，還要繼續
吃藥一樣，而成為新的病了。因此對於「是非」這樣問題的「類與
不類」，「莫若無心」。所謂「莫若無心」就是要「遣之又遣之以至
於無遣，然後無遣無不遣而是非自去矣」，這就如佛教之「空空」。
這裡郭象的「遣之又遣之以至於無遣」似乎又比老子前進一步，認
為如果要堅持「否定」的方法，那麼對「否定」本身也應「否定」，
這樣才是徹底地否定，這樣無異於是主張什麼都可以「肯定」，從
而郭象要肯定的「一切存在的都是合理的」是可以成立的了。成玄
英對郭象的這段注有如下的疏解：

> 類者，輩徒相似之類也。但群生愚迷，滯是滯非。今論乃欲
> 反彼世情，破茲迷執，故假且說無是無非，則用為真道。是
> 故復言相與為類，此則遣於無是無非也。既而遣之又遣，方
> 至重玄也。

成玄英的思想深受佛教三論宗的影響，而又是在佛教的涅槃學在中
國興盛之後，故其學說在否定執著於「無」和執著於「有」之後，
而認為仍有所肯定。關於此問題在本書附錄〈論魏晉玄學到唐初重
玄學〉有較詳之討論，可參閱之。

第七章 郭象的哲學體系 (上)

　　哲學家的哲學思想是以理論思維的形式表達的，而理論思維必定是由一系列的概念、範疇（按：範疇是指某一哲學體系的基本概念，如亞里士多德《範疇篇》的十個範疇）構成。因此，通過對某個哲學家的概念、範疇的分析，這樣不僅可以看到某個哲學家與哲學史上的其他哲學家前後之間的聯繫，而且可以使我們比較深入地瞭解其理論思維的水平和特點。在哲學家的哲學體系中，必然會存在著由其所使用的概念構成的反映其哲學思想的基本命題，並由若干基本命題經過某種（或某幾種）方法而形成其理論體系。本章將由對郭象哲學中的主要概念分析入手，以見其哲學思想的基本命題和哲學理論體系的結構。

　　我們不可能對郭象著作中的全部哲學概念進行分析，這當然也沒有必要，只要對他的哲學體系的基本概念作出分析，找出它們之間的邏輯聯繫，這樣郭象的哲學體系也就可以搞清楚了。所謂一個哲學體系的基本概念就是說用這些概念足以說明這個哲學家哲學體系的構成、特點以及發展的水平。郭象的哲學體系如用一圖表來表示大體如下：

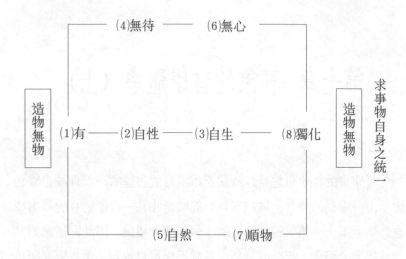

「有」是郭象哲學體系中的最基本概念，是「唯一的存在」，其存在的根據不在自身之外，而即其自身之「自性」。每一事物依其「自性」而存在，必以「自生」、「無待」、「自然」為條件。事物的存在雖是「無待」，但如執著「無待」，則為「有待」，故必「無心」（無所執著），方可「無待」。「自然」因物而然，故應「順物」，「常無其心而付之自然」。要把「物各有性」（自性）以及事物存在的形式「自生」、「無待」、「自然」等觀點堅持到底，則必有「獨化」一概念。下面我們將對郭象哲學體系中的上述基本概念作些具體分析。

「有」：郭象把一切事物都稱為「有」，即所謂「存在著的」都是「有」。他的哲學體系從否定「無」作為「造物主」或萬有存在的根據出發，來論證「有」是唯一的存在。他說：

> 非唯無不得化而為有也，有亦不得化而為無矣。是以夫有之為物，雖千變萬化，而不得一為無也。不得一為無，故自古

無未有之時而常存也。（〈知北遊〉注）

這段話郭象說明了三點：第一、「無」不能生「有」，故「無」不是一實體；第二、「有」是唯一的存在；第三、「有」的存在是無始無終的，絕對的。對此三點，郭象又從各方面作了論證。

為什麼「無」不能生「有」呢？照郭象看，「無」就是「無」（non-existence, nothing），不存在的東西怎麼能產生存在的東西呢？所以他說：「無則無矣，則不能生有。」如果「無」能生「有」，那怎麼還能說它是「無」呢？因為能生「有」的必然是什麼，而不能什麼也不是，「若無能生有，何謂無乎」，「一無有則遂無矣。無者遂無，則有自欻生明矣」（〈庚桑楚〉注）。《莊子・天下》中說關尹、老聃的學說是「建之以常無有，主之以太一」，即認為「有」生於「無有」而以生萬物之上的「太一」為宗主，但郭象的注卻說：

夫無有何所能建？建之以常無有，則明有物之自建也。

自天地以及群物，皆各自得而已，不兼他飾，斯非主之以太一耶！

顯然郭象是否定上述關尹、老聃的觀點的，所以郭象認為「無」只是和「有」相對的一個概念，其涵義只是「無物」或「不存在」，即「有」的否定，它既不是精神性實體（如造物主），也不是物質性實體（如元氣），在郭象的哲學體系中是一存在形式的概念（「有」消失了的狀態），而非實體概念。

那麼「有」為什麼是唯一的存在呢？郭象對這個問題採用的是反證法，他提出存在的都是物，所以「萬有」是唯一的存在，他說：

　　　誰得先物者乎哉？吾以陰陽為先物，而陰陽者即所謂物耳。
　　　誰又先陰陽者乎？吾以自然為先之，而自然即物之自爾耳。
　　　吾以至道為先之矣，而至道者乃至無也。既以無矣，又奚為
　　　先？然則先物者誰乎哉？而猶有物，無已，明物之自然，非
　　　有使然也。（〈知北遊〉注）

所存在的都是「物」，所以「萬物」是唯一存在的。「自然」是萬物
自然而然存在的狀態，它只是說明「萬物」自己存在著、變化著，
沒有一個東西使它如此存在著、變化著。「道」也並非一實體，而
是「至無」，既然是「無」它就不可能在「有」之先存在，它僅僅
是「物」所以如此運動變化的狀態，「物所由而行，故假名曰道」。
由此可見，在郭象的體系中，「有」是最普遍、最一般的實體概念。
　　「有」既然是唯一存在著的，那麼它的存在就是無始無終的、
永恆的存在。郭象說：「言天地常存，乃無未有之時」（〈知北遊〉
注），「殊氣自有，故能常有，若本無之，而由天賜，則有時而廢。」
（〈則陽〉注）照郭象看，不僅宇宙是「常存」、「常有」，而且每一
個具體的存在物也是「常存」、「常有」的，如他說：「夫有不得變
而為無，故一受成形，則化盡無期也」，「化恆新也」，「不以死為
死。」（〈田子方〉注按：《莊子》原為「吾一受其成形，而不化以待
盡……日夜無隙，而不知其所終」）　這樣，郭象就從原來否定「無
生有」的正確觀點走到錯誤的方面。即把具體的事物亦視為永遠存
在的了。
　　「自性」：郭象稱「性」為「自性」，或為「性命」，這都是說
「此事物之所以為此事物者」。　就事物的「自性」說，每一事物都

各自有各自的「性」，而且各自的「性」都有其所能達到的一定限
度，他說：「物各有性，性各有極，皆如年知，豈跂尚之所及哉?」
（〈逍遙遊〉注）「小年」如「朝菌不知晦朔」、「蟪蛄不知春秋」，「大
年」如「大椿者，以八千歲為春，八千歲為秋」，這都是他們「自
性」所規定的，不是能希求可以得到的。郭象說：

> 凡所謂天，皆明不為而自然。言自然則自然矣，人安能故有
> 此自然哉？自然耳，故曰性。（〈山木〉注）

這就是說所謂「性」是「自然而然」的，即天然的，天生如此的，
「不知其然而然，非性如何」（〈則陽〉注）。就這點看，郭象對「性」
的看法是有合理因素的，因為任何事物之成為這樣或那樣不是自己
可以選擇的，而是「自然而然」如此的。那麼每個事物的「性」又
是如何呢?

　郭象認為，每個事物的「性」都有其具體的內容，比如說馬，
它的「真性」不僅如莊周所說「吃草飲水，翹足而陸」，而且是要
求為人們所騎乘的，「夫馬之真性，非辭鞍而惡乘，但無羨於榮華」
（〈馬蹄〉注）。對一般老百姓的「性」，郭象說：其「性不可去者，
衣食也；事不可廢者，耕織也。」（同上）由於每個事物的「性」是
天生如此的，不得不然的，因此是不能改變的，所以郭象說：

> 天性所受，各有本分，不可逃，亦不可加。（〈養生主〉注）
> 性各有分，故知者守知以待終，而愚者抱愚以至死。豈有能
> 中易其性者。（〈齊物論〉注）
> 性之所能，不得不為也；性所不能，不得強為，故聖人唯莫

之制則同焉皆得，而不知所以得也。（〈外物〉注）

「性」是不可改變的，這在一定意義上說也是不錯的，動物生成為動物就不能改變其「性」而成為植物，人生成為人也不能改變其「自然本性」而成為其他種類的動物。但問題在於，馬的「真性」是否是「非辭鞍而惡乘」；一般老百姓的「自性」就是「衣食」、「耕織」，而「智者」就是天生的智者，「愚者」就應一輩子處於奴隸的地位？看來，郭象說「物各有性」並不全錯，問題在於每個事物的「性」的內容是由郭象規定的，這就是他的所謂「自性」的祕密所在。

　　郭象不僅認為「性」是不能改變的，而且主張每個事物都應安於其「自性」所要求；如果能安於性命，那就是「逍遙」（自由的了），他說：

　　　夫以形相對，則大山大於秋毫也。若各據其性分，物冥其極，
　　　則形大未為有餘，形小不為不足。苟各足於其性，則秋毫不
　　　獨小其小而大山不獨大其大矣。若以性足為大，則天下之足
　　　未有過於秋毫也；……苟足於天然而安其性命，故雖天地未
　　　足為壽而與我並生，萬物未足為異而與我同得。則天地之生
　　　又何不並，萬物之得又何不一哉！（〈齊物論〉注）
　　　物各順性則足，足則無求。（〈列禦寇〉注）

郭象提出「自性」這一概念，是為從「物」自身找其存在的根據，但是每一事物的「自性」的內容如何，則由郭象來規定，他把他為事物所規定的「自性」說成是「天然」的，「自然而然」的，因此是不能改變的。如果能「自足其性」，不以「形大為有餘，形小為

不足」，「物任其性，事稱其能，各當其分，逍遙一也，豈容勝負於其間哉」（〈逍遙遊〉篇目注）。如果每個事物都能按照其本性的要求，在他性分允許的範圍內活動，都是一樣的「自由」，「逍遙一也」。

郭象為建立其「崇有」的思想體系，為把「物各有性」的思想堅持並發揮下去，他提出「自生」、「無待」、「自然」三個概念，這三個概念從不同的方面表明事物存在的形式，「自生」表明事物發生的形式，「無待」表明事物存在的無條件性，「自然」表明事物的存在是必然性和偶然性的統一。

「自生」：　事物根據其「自性」而存在，而其「自性」只能是「自生」的；如其「自性」不是「自生」的，則是其他事物所給與的，推求下去勢必又得承認有造物主或本體之無。所以「自生」這一概念在郭象的哲學體系中非常重要，他在《莊子注》中反覆說明這一點。從我們上面所構造的圖表中看，「自生」這一概念可以說是郭象哲學體系的中心環節，它把「自性」和「獨化」兩概念聯繫起來。在〈莊子序〉中提出的郭象注《莊子》的基本思想「上知造物無物，下知有物之自造」也正好說明這一點。「自生」這一概念在郭象的《莊子注》中大體有三個相互聯繫的涵義：「自生」意謂「非他生」，「自生」意謂「非有故」，「自生」意謂「非有因」。

郭象說：「欻然自生非有本」（〈庚桑楚〉注），這裡的「本」是指「根本」，即有「根據」的意思，「欻然」是說忽然發生。萬物都是忽然自生的，沒有什麼使之發生，作為其存在的根據，所以說：

　　無既無矣，則不能生有；有之未生，又不能為生，然則生生者誰哉？塊然而自生耳。（〈齊物論〉注）（按：《列子‧黃帝》

注:「向秀曰:塊然若地。」成玄英疏:「塊然無情之貌。」)
夫有之未生,以何為生乎? 故必自有耳,豈有之所能有乎?
此所以明有之不能為有,而自有耳,非謂無能為有也。若無
能為有,何謂無乎?(〈庚桑楚〉注)

照郭象看,不僅「無」不能生「有」, 而且「有」也不能生「有」,
如果此「有」能生彼「有」, 此「有」則為彼「有」之根本,這樣
一來, 此「有」則具有造物主的地位了。所以任何事物都只能是「自
生」的,而非「他生」的。所以郭象說:「上不資於無,下不待於
知, 突然而自得此生。」(〈天地〉注)「獨生而無所資借,生死出入,
皆欻然自爾。」(〈庚桑楚〉注)事物既不是靠著「無」而存在的,
也不是根據其自己主觀的要求而生成的,而是不知其所以然而然地
自然如此生的。

「自生」必「無故」, 這點在郭象思想中同反目的論有關係。
郭象說:

天不為覆,故能常覆;地不能載,故能常載。使天地而為覆
載,則有時而息矣;使舟能沈而為人浮,則有時而沒矣。故
物為焉,則未足以終其生也。(〈德充符〉注)

故意做什麼就會違背自然之性,而往往行不通,所以他說:「無故
而自合者天屬也。」(〈山木〉注)郭象在《莊子注》中常用「自爾」
一概念,而「自爾」這一概念往往和「自生」的涵義是相同的,如
他說:「欻然自生」、「欻然自爾」。 又如他說:「萬物皆造於自爾」,
「物各自生,而無所生焉」,都是「有物之自造」的意思。郭象說:

自爾，故不可知也。

設問所以自爾之故。

夫物事之近，或知其故，然尋其原以至乎極，則無故而自爾
也。自爾則無所稍問其故也，但當順之。（〈天運〉注）

一事物的生生化化似乎可以找到一些近因，可是對這事物生生化化
的原因不斷地追問下去，就會發現它的存在和變化是根本沒有什麼
原因的。如果人們硬要去追求，只會陷於困惑之中。所以郭象對〈齊
物論〉「若有真宰」一節注說：

凡此上事，皆不知其所以然而然，故曰芒。今夫知者，皆不
知所以知而自知矣。

對萬物的「自生」是不能去追問它為什麼如此的。甚至，郭象更進
一步論證說，萬物「自生」是「無故」的，不僅是指沒有其自身以
外的目的，而且也沒有其自身內在的目的，「豈有之所能為有乎」，
所以「自生耳，非為生也」，也不是「有」有目的生的。就這一點
看，郭象反對目的論在中國哲學史上有其一定的意義。

　　萬物「自生」既然是「無故」的，因而也是「無因」的。在郭
象的體系中，「因」有兩種涵義：一是「順應」的意思，如說「達
者，因而不作」、「因其性而任之則治」；另一則是「原因」的意思，
如說「不知所以因而自因」，前面的「所以因」的「因」就是「原
因」的意思，是說事物的存在是沒有「所以因」的。郭象說：

> 天機自爾，坐起無待。無待而獨得者，孰知其故，而貴其所
> 以哉？（〈齊物論〉注）

這裡的「故」也是「原因」的意思，對事物的存在是不能追求其原
因的，它的微妙的變化都是其自身如此的，自然而然的，不需要外
在的條件的。為此郭象強調「因」是「自因」，如〈齊物論〉注：
「夫達者之因是，豈知因為善而因之哉？不知所以因而自因，故謂
之道也。」

「無待」：「無待」是說事物的存在是無條件的，它的生生化化
不需要任何外在的力量，不要等待任何條件而自己存在著、變化著。
郭象說：

> 造物者無主，而物各自造；物各自造，而無所待焉。此天地
> 之正也。（〈齊物論〉注）

事物存在的正常狀態是「無待」的，因為既然沒有一個造物主，而
它的存在也就不需要其他任何條件了。然而「無待」是不是否定了
其他事物的存在呢？照郭象看，那也不一定。列子御風而行，雖「非
風則不能行」，但列子「非數數然求之者」，即並非有意去追求它，
因此他可以順萬物之性，遊變化之途，而能無不成，這就是「無待」。
郭象認為，此事物的存在並不是為了另一事物而存在，它的存在就
是如此的存在了，所以它不能作為別的事物存在的條件。郭象說：

> 故乘天地之正者，即是順萬物之性也；御六氣之辯者，即是
> 遊變化之塗也；如斯以往，則何往而有窮哉！所遇斯乘，又

將惡乎待哉！此乃至德之人玄同彼我者之逍遙也。苟有待焉，
則雖列子之輕妙，猶不能以無風而行，故必得其所待，然後
逍遙耳，而況大鵬乎！夫唯與物冥而循大變者，為能無待而
常通，豈自通而已哉！又順有待者，使不失其所待，所待不
失，則同於大通矣。故有待無待，吾所不能齊也；至於各安
其性，天機自張，受而不知，則吾所不能殊也。夫無待猶不
足以殊有待，況有待者之巨細乎！（〈逍遙遊〉注）

這段話看起來似乎和上面的一段話有些矛盾，其實不然。這裡郭象
的意思是：第一、本來每一事物都是各有各的「自性」的，其「自
性」是「自生」的，沒有一個給予者。列子能御風而行，這是列子
的本性，無論有風或無風都不影響他的御風而行的本性。因此，列
子能御風而行的「本性」並不以「有風」為條件。第二、從列子必
待風而行方面看，那麼任何事不能「無待」，而都是「有待」的了。
第三、因此對「有待」和「無待」去分別它們，只是一種看法。從
事物都能「各安其性」，不去追求什麼，「不為而自然」，「順萬物之
性，遊變化之塗」，　這難道不就是「無待而常通」嗎？第四、如果
去追求「無待」，這實際上正是「有待」，因為你追求的東西就成為
你所期待的東西；你把某種東西作為你期待著的去追求，那你的存
在正是有條件的。第五、不去分別「有待」、「無待」，而「自足其
性」者，才是真正的「無待」。　蓋任何事物使其性自足是不必求之
於外的。郭象在〈齊物論〉注中有一段論「形」、「影」、「罔兩」之
間的關係很能說明他的觀點，茲錄於下：

世或謂罔兩待景，景待形，形待造物者。請問：夫造物者，

有耶無耶？無也，則胡能造物哉？有也，則不足以物眾形。
故明眾形之自物而後始可與言造物耳。是以涉有物之域，雖
復罔兩，未有不獨化於玄冥者也。故造物者無主，而物各自
造，物各自造而無所待焉，此天地之正也。故彼我相因，形
景俱生，雖復玄合，而非待也。明斯理也，將使萬物各反所
宗於體中而不待乎外，外無所謝而內無所矜，是以誘然皆生
而不知所以生，同焉皆得而不知所以得也。今罔兩之因景，
猶云俱生而非待也，則萬物雖聚而共成乎天，而皆歷然莫不
獨見矣。故罔兩非景之所制，而景非形之所使，形非無之所
化也，則化與不化，然與不然，從人之與由己，莫不自爾，
吾安識其所以哉？故任而不助，則本末內外，暢然俱得，泯
然無跡。若乃責此近因而忘其自爾，宗物於外，喪主於內，
而愛尚生矣。雖欲推而齊之，然其所尚已存乎胸中，何夷之
得有哉？

事物的存在本來都是自然而然的，並不是此事物由彼事物的存在而
存在，所以無論「罔兩」、「景」或是「形」都是獨自存在的。如果
要求追問此事物存在的「近因」，而可以無止境的追問下去，這就
會忘掉事物是「自爾」的（「自爾故不可知」），這樣就會失掉「自
性」，而無所適從了。所以說事物的存在本來是無條件的，如有條
件則有造物主，故只有承認事物的存在是無條件的，才可以真正堅
持事物的「自性」是「自生」的，它的存在是「無故」、「無因」的，
而「造物者無主」的觀點才能站得住腳。

　　「自然」：在魏晉玄學中，「自然」這一概念是有種種不同的涵
義的，就郭象來說，由於他針對的問題不同有不同的說法，因此「自

然」在他的著作中的涵義至少有五點，而又相互聯繫。

　　第一、天人之所為皆「自然」。　在《莊子》書中「自然」往往是「天然」的意思，如說「常因自然而不益生」。晉王廙〈洛都賦〉：「不勞煮沃，成之自然」，　這裡「自然」也是「天然」的意思。在郭象的著作中，「自然」，固然有「天然」的意思，但在某種意義上他認為「人為」也是「自然」。《莊子‧大宗師》中說：「知人之所為，至矣。」　莊周是主張要區分天和人之所為的，所以他「蔽於天而不知人」。郭象在這裡注說：「知天、人之所為者，皆自然也。」這就是說，郭象不僅把「天然」看成「自然」，　而且從某種意義上說「人為」也是「自然」。　那麼在什麼意義說「人為」也是「自然」呢？

　　第二、「自為」是「自然」的表現。王弼認為「道」（無）是「自然」，所謂「道」的是「自然」，　是就「無為」意義上說的，「天地任自然，無為無造」。郭象也認為應該「無為」，但他所謂的「無為」並不是什麼都不做，而認為「自為」也是一種「無為」，他說：

> 天下莫不相與為彼我，而彼我皆欲自為，斯東西之相反也。然彼我相與為唇齒，唇齒未嘗相為，而唇亡則齒寒。故彼之自為，濟我之宏功矣，斯相反而不可以相無者也。（〈秋水〉注）

郭象把這種「自為」稱為「自然」，　即是說自己為自己，不是為別的東西，所以他又說：「所貴聖王者，非貴其能治也，貴其無為而任物之自為也。」（〈在宥〉注）「自為」是「無為」的一種表現形式，是和「有為」不同的，「有為……不能正乎本性，求外無已」。那麼

「自為」是根據什麼呢?

第三、「任性」即「自然」。王弼說:「道不違自然,乃得其性,法自然也。法自然者,在方而法方,在圓而法圓,於自然無所違也。」(《老子》第二十五章注)方的東西是根據方的原則(方的標準)而成為方,圓的東西是根據圓的標準而成為圓,方得方之性,圓得圓之性,這就叫「法自然」或叫「法性」。但在王弼哲學中這裡「自然」概念指的是抽象的標準,具體事物應該根據抽象標準而成為具體事物,這就叫「自然」。郭象既然認為「自為」也是「自然」,但「自為」是根據什麼,是不是任意而為呢,是不是故意而為呢? 不是的。照郭象看: 所謂「自為」就是根據事物各自的「自性」而「為」,這也是「無為」,他說:

> 率性而動,謂之無為也。(〈天道〉注)
>
> 無為者,非拱默之謂也,直各任其自為,則性命安矣。
> (〈在宥〉注)
>
> 不因其自為而故為之者,命其安在乎?(〈秋水〉注)

「自然」就是「自然」,沒有什麼使事物這樣或那樣。任何事物都只能「率性而動」,而不能「故為之」,不要使人從己,也不要捨己從人,「各任其自為則性命安矣」。

第四、「必然」即「自然」。王弼認為,事物的存在都是有根據的,其根據就在於有其存在之理,所以他說:「物無妄然,必由其理。」這是說事物存在都有其必然性,「無妄」者「不是沒有根據」之謂也,其根據即在「必然之理」。郭象則認為,事物的存在是根據各自的「自性」,而「自性」是不可改變的,「天性所受,各有本

分，不可逃，亦不可加」，「豈能中易其性」。所以，此事物成為此事物為其「自性」規定的，這種為「自性」所規定的情形叫「命」，即「必然性」，他說：

> 命之所有者，非為也，皆自然耳。（〈天運〉注）
> 達命之情者，不務命之所無奈何，全其自然而已。（〈養生主〉注）

「知命」者不作「無奈何」的事，這就叫作「自然」。

第五、「偶然」即「自然」。王充在反對天人感應目的論中，接觸到偶然性的問題，他說：「夫天地合氣，人偶自生也，猶夫婦合氣，子則自生也」，「天地合氣，物偶自生」（《論衡・物勢》），「天動不欲以生物，而物自生，此皆自然也。」（《論衡・自然》）這裡的「偶自生」是說自然巧合而生，是沒有什麼目的和原因的，因此王充的「自然」含有偶然性的意思。郭象在這個問題上繼承了王充的思想而又有所發展。他認為，事物據其「自性」而必然如此的存在著，這是自然而然的，必然如此的。但是，這種「自然而然」的、「必然如此」的存在著又是沒有任何原因、沒有任何道理的。或者說，你根本不可能去問它如此存在的原因，因此他講的「自然」又有偶然性的意思，他說：

> 物各自然，不知其所以然而然。（〈齊物論〉注）

就其「不知其所以然」說，「自然」就有偶然性的意思。所以郭象在說明事物的「自生」時，往往用「突然」、「掘然」、「欻然」等等，

都是為了說明事物的存在是沒有目的的，說不出原因的。

　　郭象關於「自然」概念的涵義有以上相互聯繫的五點，其中最重要的是後面兩點，即「自然」既有「必然」又有「偶然」的意思。必然和偶然本是相對立的概念，但從辯證的觀點看必然和偶然又是相互聯繫的，是能互相轉化的，必然性又往往通過偶然性而表現。郭象用「自然」一詞，既說明「必然」，又說明「偶然」，正是他認識到「必然」和「偶然」的相互聯繫：此一事物作為此一事物而如此地存在著，從一方面說是必然的，「物各有性」；從另一方面說又是「偶然」的，「忽爾自生」。在郭象的體系中，事物的存在必須兼有這兩方面，缺一方面則非郭象哲學。黑格爾認為，必然的東西是這樣的而不會是那樣的，因為它是有原因的，偶然的東西則相反，它是沒有原因的。郭象大概是了解這一點的。甚至可以說，郭象認識到說事物的存在是由於「自性」，而此事物之所以有此「性」，則是「欻然而自生」、「忽爾自生」，所以必然性是通過偶然性表現出來的。

　　郭象在這個問題上還有一點很有辯證意味的看法，即在他的思想體系中包含著「認識了必然就是自由」的意思。當然郭象的著作中沒有「自由」一詞，他用的是「逍遙」一詞。郭象認為，事物雖有不同，但是都能「放任於自得之場」，只要做到「物任其性」、「事稱其能」，「各當其分，則逍遙一也」。自己根據自己的性分所及，充分地、無限地去實現其「自性」，就是最大的逍遙，就是最自由的。如何才能充分地、無限地實現其「自性」呢？郭象認為，這就要求不把自己限於「一身」去分別自己是「大」還是「小」，因為「大」和「小」只有相對的意義。如果對於那些只具有相對意義的東西能不以為意，不要求一定這樣或一定那樣，就是「無待」，所

以他說：

> 故遊於無小無大者，無窮者也；冥乎不死不生者，無極者也。
> 若夫逍遙而繫於有方，則雖放之使遊而有所窮矣，未能無待
> 也。（〈逍遙遊〉注）

所以「逍遙」（自由）是一種精神境界，有這種「無大無小」、「無生無死」的認識，就是「無待而逍遙」。「無待而逍遙」，則是「無方」（無方所），或叫「大方」，「踏於大方，不知所以然」。認識了自己，又不執著自己，可以這樣，也可以那樣，那就是說它有無限的可能性，這就是「踏於大方」（即無方），無所限制。這樣「踏於大方」的境界，既可以這樣，也可以那樣，有無限的可能性，因此含有偶然性的意思。所以郭象的「認識了必然就是自由」，其必然性是在無限的可能性中實現的，因此也就是說它是純偶然的、碰上的。而其所謂「逍遙」當然也只能是一種主觀的精神境界。

郭象關於「自然」的觀念，在南北朝有很大影響，不少反對佛教因果報應說的都利用這種關於「自然」的觀念。例如，范縝說：

> 人生如樹花同發，隨風而墮，自有拂簾幌墜於茵席之上，自
> 有關籬牆落於糞溷之中。墜茵席者，殿下是也。落糞溷者，
> 下官是也。貴賤雖復殊途，因果竟在何處？（據《南史・范縝
> 傳》）

他認為，為什麼有的人富貴、有的人貧賤，並沒有什麼必然性可尋。你蕭子良碰巧落在編花席上，就富貴了，而我范縝落在糞坑裡，就

貧賤了。但范縝關於「自然」的全面瞭解，似乎也含有必然性和偶然性相聯繫的觀點，如他說：

> 陶甄稟於自然，森羅均於獨化，忽焉自有，恍爾而無；來也不禦，去也不追，乘夫天理，各安其性。(〈神滅論〉)

就「自然」說，一方面是「不可知其然」的，「忽焉自有，恍爾而無」；但另一方面是根據「天理」的，各有其性。所以「自然」也是必然和偶然的統一。

後來朱世卿著〈性法自然論〉也是繼承著郭象、范縝發展的，他一方面說：

> 榮落死生，自然定分。(《廣弘明集》卷二十五)

另一方面又說：

> 動靜者莫有識其主，生滅者不自曉其根，蓋自然之理著矣。所謂非自然者，乃大自然也。(同上)
> 譬如溫風轉華，寒飆颱雪，有委溲冀之下，有累玉階之上。風飆無心於厚薄，而華霰有穢淨之殊途；天道無心於愛憎，而性命有窮通之異術。(同上)

這些都有必然性寄寓於偶然性之中的意思。

「無心」和「順物」(順有)：郭象的「無待」概念中包含著一個問題，從任何事物的「自性」都是「自生」的方面看，它的存在

的根據只在其自身，因此是「無待」的；但從任何事物的「自性」
所表現出的情況方面看，似乎又是「有待」的。如何解決這個矛盾
呢？郭象認為，這種矛盾的出現全是由於自己主觀的因素引起的，
如果任其自性，隨遇而安，而能無所不成，則是「無待」。因此，
對任何事物說，達到「無待」必須以「無心」為條件。郭象的「自
然」一概念也包含著一個問題，它既有「無為」又有「自為」（特
定的為）意思，那麼這兩方面如何統一呢？郭象認為，這本來是事
物自身的矛盾，只能從事物自身方面去解決，因此必須「順物」（順
有）。這樣一來，本來是討論事物存在的問題，卻成了人們如何對
待事物存在的問題。郭象說：「至人無心而應物，唯變所適。」
（〈外物〉注）又說：「神人者，無心而順物者也」，「夫無心而任化
乃群聖之所遊處」（〈人間世〉注），這都是說，聖人或至人對待事
物應有的態度。採取這樣的態度對待事物，雖屬主觀方面，但是因
為任何事物都是依其「自性」而生生化化，對它們只能「因」，只
能「順」，而不能有所作為，「無心於物，故不奪物宜」，「無心而任
乎自化者應為帝王」。

「獨化」：如果說「有」是郭象哲學體系中最普遍的概念，那
麼「獨化」則是他的哲學體系中的最高範疇。上述諸概念最終都是
為了證成「獨化」這個範疇的。所謂「獨化」，從事物存在方面說，
是說任何事物都是獨立自足的生生化化，而且此獨立自足的生生化
化是絕對的，無條件的。郭象的這個觀點是由「自生」、「無待」、
「自然」三個方面引申出來的。

從「自生」方面說，郭象說：

　　凡得之者，外不資於道，內不由於己，掘然自得而獨化也。

> 夫生之難也，猶獨化而自得之矣。既得其生，又何患於生之
> 不得而為之哉？故夫為生果不足以全生，以其生之不由於己
> 為也，而為之則傷其真生也。（〈大宗師〉注）

「凡得之者」云云是說凡得自性而為生者，從外面說不是由於「道」
所給予的，從自身說也不是自己所能求得的，而且沒有什麼原因突
然自己得以如此的獨立自足的存在著。「自得」是說「道」不能使
之得而自得為生（「自生」）。既然是「自得為生」，那就根本用不著
自己去考慮自身的存在而去追求之。「自得為生」則任何事物都應
是獨立自足的，如果不是獨立自足的，那或是「外資於道」，或是
「內由於己」之為，這樣就要否定「自生」了。

　　從「無待」方面說，郭象說：

> 若責其所待，而尋其所由，則尋責無極，卒至於無待，而獨
> 化之理明矣。（〈齊物論〉注）

又說：

> 推而極之，則今之所謂有待，卒至於無待，而獨化之理彰矣。
> （〈寓言〉注）

事物就其表面上看似乎是「有待」，因為它們各有各的「自性」，都
是相對的；但從能「自足其性」說，則都可以是「無待」的。而「性」
既不是由外面所給予，也不是由自己主觀求得，而是其自身所具有
的。因此，對於事物存在的原因表面上看可以一層一層的追求下去，

但追求到最後就可以看到「似有待而實無待」。 如果人們要求追問事物存在的原因和根據，那你儘管無窮的追問下去，最後得到的結果只能是「無待」。由於刨根問到底，到最後所得的結果只能是「無待」，所以「無待」就是絕對的，任何事物的存在都是獨立自足的。

事物的存在從一個方面說是必然的，從另一方面說又是偶然的，這兩方面統一起來就是「自然」。郭象說：

> 卓爾，獨化之謂也。夫相因之功，莫若獨化之至也。人之所因者天也，天之所生者獨化也。人皆以天為父，故晝夜之變，寒暑之節，猶不敢惡，隨天安之，況乎卓爾獨化至於玄冥之境，又安得而不任之哉？ 既任之，則死生變化，唯命之從也。（〈大宗師〉注）

這裡的所謂「天」是「天然」的意思，即「自然」，郭象說：「天者，自然之謂也。」 人的存在和活動都是順乎自然的，而這種順乎自然正表現了人的獨立自足的生生化化。人的存在與活動既然是以其自身的生生化化為根據，那麼人就可以在晝夜、寒暑等等變化之中，順乎自然而不受外在的東西所影響，何況能卓爾獨化於玄冥之境的聖人又哪能不任其自化呢？ 既然是任其自化，這也就是他自己命中之事了。這就是說，表面上看來，任何人，包括獨化於玄冥之境的聖人，其存在與活動都是命定的，必須「安命」，所以郭象說：「夫安於命者，無往而非逍遙矣。」（〈逍遙遊〉注）這就是說，「安命」才可以真正的「逍遙」。蓋任何事物只要在其性分允許的範圍之內，都可以「放於自得之場」，無往而不逍遙，又是可以絕對自由的，苟「得其所，則物皆逍遙也」。

　　任何事物都是獨立自足的存在著、活動著，這樣就必須是此事物是獨立自足的存在著，同時也得讓別的事物獨立自足的存在著，這樣就有一個如何對待別的事物的關係問題。但是，從郭象的思想體系看，他認為每一事物都是一獨立自足的存在，沒有和其他事物發生關係的問題，這個矛盾如何解決呢？照郭象看，正因為每一事物都是一獨立自足的存在，那麼如有一事物不能獨立自足的存在，別的事物也就不能獨立自足的存在，所以在事物之間，此一事物的「獨化」必是彼一事物存在的條件，彼一事物的「獨化」也必是此一事物存在的條件，「相因之功，其若獨化之至」。因此，事物之間相互為因（條件）的功用，與順應事物自身的獨立自足的生生化化相比是沒有意義的，每個事物的「獨化」對其他事物才有意義。

　　如果說「崇有」是郭象哲學的起點，那麼「獨化」則是他的哲學的終點。他的哲學從反對有一本體之「無」或造物主，而只承認「有」是唯一的存在開始，到把一個個的事物都絕對化為獨立自足的神祕的自在之物為止，這中間相當豐富地運用了思辨哲學特有的方法，在分析事物的種種矛盾中建立了他的哲學體系。上面我們分析了他的哲學範疇體系的邏輯結構，揭示其間的內在聯繫，這樣就可以對郭象哲學的特點和發展水平有一系統的瞭解了。

第八章 郭象的哲學體系（下）

　　郭象的哲學體系有兩個相互聯繫的方面，前章所討論的是其「上知造物無物，下知有物之自造」，本章將討論他的「明內聖外王之道」的思想。「內聖外王之道」初見於《莊子·天下》，而後儒道兩家亦多有論者。郭象欲排除一外在於現實世界的造物主，其目的還在於調和「自然」與「名教」，而合「內聖」與「外王」為一。〈外物〉注中說：「神人即聖人也，聖言其外，神言其內也。」〈逍遙遊〉注謂：「夫神人即今所謂聖人也。」就此可知，〈外物〉注中所謂的「聖人」實指「外王」，而「神人」則指「內聖」，且「內聖」即可以是「外王」，並非為二。郭象合「內聖」與「外王」為一，其論證見於〈大宗師〉注。郭象注《莊子》「孔子曰：彼，遊方之外者也；而丘，遊方之內者也」一段說：

　　　夫理有至極，外內相冥，未有極遊外之致而不冥於內者也，
　　　未有能冥於內而不遊於外者也。故聖人常遊外以弘內，無心
　　　以順有，故雖終日揮形而神氣無變，俯仰萬機而淡然自若。
　　　夫見形而不及神者，天下之常累也。是故覩其與群物並行，
　　　則莫能謂之遺物而離人矣；覩其體化而應務，則莫能謂之坐
　　　忘而自得矣。豈直謂聖人不然哉？乃必謂至理之無此。是故

> 莊子將明流統之所宗以釋天下之可悟,若直就稱仲尼之如此,
> 或者將據所見以排之, 故超聖人之內跡, 而寄方外於數子。
> 宜忘其所寄以尋述作之大意,則夫遊外弘內之道,坦然自明,
> 而莊子之書, 故是涉俗蓋世之談矣。

郭象的這段注可以說是瞭解其「內聖外王之道」的關鍵, 分析起來可注意者或有四點:

(1)郭象認為, 在所有的道理中有最根本的道理, 這就是「內聖」與「外王」是相合一的, 因為沒有最高明的遊於外的而不是最高明的冥於內者, 也沒有最高明的冥於內的而不是最高明的遊於外者。這就是說「極高明」而必能「道中庸」,「道中庸」亦必能「極高明」。

(2)聖人之所以能「常遊外以弘內」關鍵在於「無心以順有」,故〈應帝王〉解題謂「夫無心而任乎自化者應為帝王也」。〈逍遙遊〉注「至人無己」謂:「無己而順物, 順物而王。」〈人間世〉注中說:「神人者, 無心而順物者也。」 據此可知, 能「無心而順物者」是能為「聖人」, 也是能為「帝王」者。

(3)「無心以順有」, 即謂「無措於心」而「順物自然之性」。聖王生活於現實社會之中必遇到種種事情, 如遇事而「有心」 (有意去做什麼), 那麼必為「物」累, 而不得「逍遙遊放」, 如「無心」, 那麼就可以「雖終日揮形而神氣無變」、「俯仰萬機而淡然自若」了。「無心」則能「順物」,〈齊物論〉注中說:「無心而無不順。」蓋因「物各有性」, 聖人對「物性」是不能做什麼, 也不必做什麼, 只能讓每個事物都順其自然之性, 故〈達生〉注中說:「各任性分之適則至矣。」 如果每個事物都能按照其性分的要求生生化化那是最美妙的, 這是因為:「性之所能, 不得不為也, 性之不能, 不得強

為也。故聖人其之制，則同焉皆得，而不知所以得也。」（〈外物〉注）所以郭象說：「神人無用於物，而物各自得，歸功名於群才而與物而無跡，故免人間之害，處常美之實。」

⑷一般人看到聖人「終日揮形」、「俯仰萬機」，就認為「聖人」不能「遺物而離心」，不能「坐忘而自得」，這是因為他們只見其形，而未睹其神，這正是為一般俗人的見解所累，而不瞭解「內外相冥」的最高道理。至於郭象用「寄言出意」的方法解釋《莊子》，在〈郭象的哲學方法〉一章中有詳論，於此從略。

就以上所論，郭象的目的正是在於合「內聖」與「外王」為一，以消除「自然」與「名教」之分離，以證「出世間即世間」之理。關於這種「合內外」的思想在郭象的《莊子・大宗師》注中尚有多處，如說：「夫遊外者依內，離人者合俗，故有天下者無以天下為也。是以遺物而後能入群，坐忘而後能應務，愈遺之，愈得之。」「夫與內冥者，遊於外也。獨能遊外以冥內，任萬物之自然，使天性各足而帝王之道成，斯乃畸於人而侔於天也。」「知禮意者，必遊外以經內，守母以存子，稱情而直往也。若乃矜乎名聲，牽乎刑制，則孝不任誠，慈不任實，父子兄弟，懷情相欺，豈禮之大意哉！」以上郭象〈大宗師〉注所論，就其內容言，其一方面強調「遊外」者才可以「冥內」，離人群者才是真正的「合俗」，坐忘者才能「應務」，如果不忘掉世俗的一切，那不過是俗中之一物，而不能應物而無累於物，非「體玄識遠」者。另一方面又提出「遊外以經內」、「守母以存子」，而要求「王德之人」照自己本性的要求去做，不要為「名聲」和「政事」（刑制）所限制，這樣才是真正的「禮樂復乎已能，忠信發乎大光」（〈莊子序〉），而能「畸於人（事）而侔於天（道）也」。在這裡郭象無非是反覆論證「不廢名教而任自然」之意，此

乃其「內聖外王之道」的要點。就其方法而論，郭象多運用其「否
定的方法」，即用「否定達到肯定」。「離人」為否定，而恰恰可以
達到「合俗」的肯定；「遺物」為否定，而恰恰得以「入群」，所以
「夫與內冥者，遊於外也」。 這種「用否定達到肯定」的方法，可
以把看起來相對的兩個方面調和起來合而為一。「名教」與「自然」
是相對的兩個方面，然而愈是任萬物自然之性，則愈是能成就帝王
之道。關於「肯定方法」的意義已見於〈郭象的哲學方法〉一章。
如果說〈應帝王〉之解題欲說明「內聖外王之道」在於「無心而任
乎自化者應為帝王」， 那麼上引〈大宗師〉的注，則在論證內外合
一之方，而「大宗師」者帝王之師也。故〈大宗師〉的解題說：「雖
天地之大，萬物之富，其所宗而師者無心也。」

　　「聖人」是否可學可致為魏晉南北朝時期討論一重要問題，王
弼首論「聖人」不可學不可致。何晏以為聖人無喜怒哀樂之情，鍾
會等人又發揮了他的這一思想，而王弼卻不贊成何晏的觀點，他「以
為聖人茂於人者神明也，同於人者五情也。神明茂，故能體沖和以
通無；五情同，故不能無哀樂以應物。今以其無累，便謂不復應物，
失之多矣」（何劭〈王弼傳〉）。照王弼看，因「情」乃人之「自然
之性」，「自然之性」怎麼能去掉呢？但聖人可以做到「動不違
理」，「應物而無累於物」。為什麼聖人可以做到「應物而無累於物」，
而一般人做不到呢？這是因為聖人「茂於人者神明」的緣故。「聖
人茂於人者神明」的意思是說，聖人「智慧自備」，「自然己足」。所
謂「自備」，非學所得，非求而致也，故「聖人天成」。而嵇康〈養生
論〉亦謂：「神仙稟之自然，非積學所致。」 郭象雖「崇有」，而反
對「貴無」，但在聖人的學致問題上卻與王弼同。〈徐无鬼〉注中說：
「聖人之形不異於凡人，故耳目之用衰也。至於精神，則始終常全

耳。」郭象認為，就人之所以為人，在形體上，聖人和一般人是沒有什麼不同的，但在「精神」上則和一般人完全不同。所以在〈逍遙遊〉注中說：神人和一般人都一樣「俱食五穀」，但神人之所以為神人「非五穀所為，而特稟自然之妙氣」。蓋因人與人所稟受不同，即其所具有的「性分」不同，「若天之自高，地之自卑，首自在上，足自居下，豈有遞哉」（〈齊物論〉注）。「性分」是不能改變的。故〈德充符〉注中說：「人之生也，非情（按：此謂故意追求）之所生也；……有情於為離曠而弗能也，然離曠以無情而聰明矣；有情於賢聖而弗能也，然賢聖以無情而賢聖矣。」離婁之明、師曠之聰，是天生的聰明，皆在其性分之內，不待外求，聖賢自為聖賢，故不可學致，「故學者不至，至者不學」（〈庚桑楚〉注）。

　　郭象為進一步論證聖人「特稟自然之妙氣」，提出學「聖人」只能是「學聖人之跡」。〈胠篋〉注中說：「法聖人者，法其跡耳。夫跡者，已去之物，非應變之具也，奚足尚而執之哉！執成跡以御乎無方，無方至而跡滯矣。」效法聖人只能是學他所表現出來的有跡可尋的種種形式。而聖人的那些活動的可尋之跡，是已時過境遷的活動，而和效法者所處的已變遷的時事毫不相干了，而成為無用的東西。我們知道，在中國傳統哲學中把存在著的東西叫作「事物」，但「事」和「物」並不是一回事，「物」往往指存在著東西本身，而「事」則常指物的活動（主要是指人的活動）。郭象分別「跡」和「所以跡」，可以說看到了「事」和「物」的區別，或者說看到了看得見的「活動」（痕跡）和看不見的「本性」（內在本質）的分別。照郭象看，所謂「跡」是指事物（或聖人）活動留下來的痕跡，「詩禮者，先王之陳跡也」（〈外物〉注）。所謂「所以跡」是指事物（或聖人）自身之「自性」，「所以跡者，真性也」（〈天運〉注），

「真性」即指此事物之所以為此事物者。此馬之真性可日行千里，這是他的「所以跡」；此馬日行了千里，這是它的「跡」。「跡」和「所以跡」都是此事物的，不過一是此事物活動留下的「痕跡」，一是此事物之「自性」。有某種「自性」的事物，如果它活動了，則有其活動留下的「痕跡」。對於一事物說，它存在的根據是它的「自性」即「所以跡」，而人們對其「自性」(「所以跡」)是無法認識的，所能認識到的只能是某事物活動所留下的「跡」。

郭象為什麼要提出「跡」和「所以跡」的問題？它有多重意義？

⑴郭象看到了事物本身和事物活動所留下的痕跡的區別。如果把「跡」看成是事物本身而不是事物活動留下的痕跡，那麼很可能得出有「造物主」或「本體之無」的結論。如果「跡」是事物本身，那麼誰使它如此而不如彼呢？而把事物活動留下的「跡」和事物本身看成是有區別的，「所以跡」是事物自身，是一個一個以「自性」為根據的單獨存在物，這樣造物主或本體之無就成為不必要的了。當然，說事物自身是其自身的造物主亦無不可。可是，郭象認為「物各有性」，那無非是說每個事物自己就是自己的造物主，世界上有千千萬萬個只能造自己的造物主，這樣也就否定了有一個唯一的、統一的造物主了。而所謂「自己是自己的造物主」也就是郭象「造物無主」、「物各自造」的意思。「跡」是事物活動留下的痕跡，不是事物自身，因此它不是「實體」；「所以跡」是事物的自身，它是唯一存在著（或曾經存在著）的「實體」。因此，照郭象看來，區分了「跡」和「所以跡」可以更好地堅持「有」是唯一的存在。如果把「跡」和「所以跡」看成相對的存在，或兩種不同的「實體」，這不是郭象的意思。郭象認為，如果把「跡」和「所以跡」看成兩種不同的「實體」，不如對「跡」和「所以跡」雙忘，〈大宗師〉注

說：「既忘其跡，又忘其所以跡者，內不覺其一身，外不識有天地，然後曠然與變化為體，而無不通也。」本來人就不能把自身作為認識的對象，同樣如果去把外在的世界作為認識的對象而加以執著，那麼就是把「跡」當作「所以跡」了，這是毫無意義的，因此不如雙忘。〈齊物論〉注中說：「唯大聖無執，故芒然直往，而與變化為一，一變化而常遊於獨者也。」芒然，無所執而直往之貌。不僅「跡」是過去的東西，是「陳跡」，不應去執著；而且「所以跡」又是無跡可尋的，是「無跡」，也是無法執著的，人們只能隨遇而安，無著無執，故可無往而不通了。〈讓王〉注謂：「……曰：許由之弊使人飾讓以求進，遂至乎之噲也。伯夷之風使暴虐之君得恣其毒，而莫之敢亢也。伊呂之弊使天下貪冒之雄，敢行篡逆。唯聖人無跡，故無弊也。……夫聖人因物之自行，故無跡，然則所謂聖者，我本無跡，故物得其跡，跡得而強名聖，則聖者乃無跡之名也。」聖人無跡，故不可學致也。

　　(2)相對的說人們認識只能認識事物之「跡」，即認識其他事物活動的痕跡，而不能認識其他事物的「所以跡」，也就是說不能認識其他事物的「自性」。如果不去區分「跡」和「所以跡」，那麼就是說人們可以認識其他事物的「自性」，這樣就把別的事物作為認識的對象了。但照郭象看，每一事物都是一獨立自足的存在，它不能作為認識的對象，故〈齊物論〉注中說：「今未知者皆不知所以知而自知矣，生者不知所以生而自生矣。萬物雖異，至於生不由知，則未有不同者也，故天下莫不芒也。」甚至聖人對其他事物也只能「無心而任乎自化」。人們在認識上發生錯誤，正是把「跡」當成了「所以跡」。本來「跡」只是某事物過去活動留下來的痕跡，就去效法，要做聖人，可是所追求和效法的只是聖人之「跡」。而聖

人之「跡」只是聖人所在時的所作所為，但它已經變為「陳跡」了，萬萬不可以用它作為「應變之具」。 無聖人之性而去效法、追求聖人之跡，那豈不要失去原有的本性，越追求就越錯誤嗎？ 所以郭象說：「所以跡者，無跡也。」(〈應帝王〉注) 事物的「自性」是無跡可尋的。從這點看，郭象的「所以跡」和康德的「物自體」頗為相似，「所以跡」是不可認識的「自在之物」。

(3)郭象提出「跡」和「所以跡」這個問題的目的是要求人們安於其「自性」。 任何事物的存在都是由於其「自性」所規定的，而「自性」又是自身所固有，不是誰給予的，因此就不能怨天尤人。每個事物由其「自性」所決定而只能有某種活動，帝王可以「戴黃屋」、「佩玉璽」， 可以「終日揮形而神氣無變」， 老百姓只能「耕織」、「守愚以待終」。老百姓如果去追求「戴黃屋」、「佩玉璽」，那就是想效法帝王，然而老百姓並不是帝王，無帝王之性而要去做帝王所做的事，這不僅追求不到，反而會喪失自己的本性。照郭象看，社會混亂就是由一些人違背自己本性去追求他不應追求的所造成，所以他說：「天性所受，各有本分，不可逃，亦不可加。」(〈養生主〉注) 要使社會安定就是要使各個事物順其本性發展，「物各順性則足，足則無求」(〈列禦寇〉注)。

郭象的這一「內聖外王之道」的理論，照我看需要有兩個前提：一是他必須論證他所構造的社會藍圖的合理性；二是他必須說明聖王之所以必有之必要性。對後一問題郭象作了說明： 〈人間世〉注中說：「千人聚，不以一人為主，不亂則散，故多賢不可以多君，無賢不可以無君，此天人之道，必至之宜。」 郭象認為，在社會生活中必須有一統治者 (君主)， 如果沒有一個統治者，社會或者解體，或者混亂，而且這是宇宙人生的根本道理。然而他的這一社會

必以一人為主的道理，和他的「獨化」理論會發生矛盾。照郭象的
「獨化」理論看，每個事物都是按照其「自性」獨立自足的生生化
化的，其他事物對它不應發生什麼影響，因此一個為主的統治者是
沒有必要的。當然，郭象可以說，他所說的「統治者」（帝王）正
是對其他事物的生生化化不加干涉的統治者，他是「以不治治」者，
是「無心而任乎自化」者。如果這樣，「帝王」（君主）就成為可有
可無的了，或者我們把郭象這種「帝王觀」叫作「虛君論」。這種
「虛君論」和當時鮑敬言的「無君論」，是兩種不同的政治思想。
鮑敬言認為可以「無君」，而郭象認為「不可以無君」，但君主可以
「無心而順物」。

郭象的這種分「臣民」（多）與「君主」（一）的觀點是否有其
合理性，郭象又是如何論證其合理性，這就涉及到他所構造的理想
社會的藍圖了。〈齊物論〉注中說：「時之所賢者為君，才不應世者
為臣，若天之自高，地之自卑，首自在上，足自居下，豈有遞哉！
雖無錯於當，而必自當也。」郭象用自然現象比附社會的人群關係，
說不上是有力的論證，但它畢竟是當時等級森嚴的階級社會的寫照。
在當時的情況下這種等級關係是不能改變的，它是當然之理。〈繕
性〉注說：「大小之辯，各有階級，不可相跂。」郭象為進一步說明
他的合理社會的藍圖，他用「公私之辯」加以論證，他說：「夫臣
妾但各當其分耳，未為不足以相治也。相治也者，若手足、耳目、
四肢、百體，各有所司，而更相御用也。」各個等級的人都是有其相
當的名分，並沒有誰治誰的問題，而是一種相互的關係，就像一個
人的耳目等等各有各的職能那樣而互相配合。照郭象看，如果社會
上的各個等級的人能各安其位，並不是誰為誰而存在，那麼這樣的
社會就是合理的社會。這個觀點和他的「相因之功，莫若獨化之至」

相一致的。在什麼等級安於什麼等級之位，盡倫盡職，這就是「公」，反之就是「私」。所以他說：「若皆私之，則志過其分，上下相冒，而莫為臣妾矣。臣妾之才而不安臣妾之任，則失矣。故知君臣、上下、手足、內外，乃天理自然，豈直人之所為哉！」一個人在什麼樣的地位全由其所稟受的「自性」所決定的，「自性」是天然如此不能改變，因此其社會地位也是不可改變的，這是「天理自然」。如果企圖改變已定的社會地位，那就是「私」，這不僅做不到，而且會使自己陷入困境。〈逍遙遊〉注中說：「理有至分，物有定極，各足稱事，其濟一也。若乃失乎忘生之主而營生於至當之外，事不任力，動不稱情，則雖垂天之翼不能無窮，決起之飛不能無困矣。」任何事物受它性分所決定，他所能活動的範圍都是有極限的，越過其性分所允許的範圍，必然失敗。「自性」決定著事物活動的範圍，決定著其社會等級地位，同時又以是否安於「自性」作為「公」與「私」的價值標準，而且在「適性」上又都可以叫作「逍遙」，故〈逍遙遊〉的解題說：「夫大小雖殊，而放於自得之場，則物任其性，事稱其能，各當其分，逍遙一也。豈容勝負於其間哉！」郭象的合理的社會藍圖難道不正是當時等級社會的模寫嗎？在魏晉門閥世族統治的等級社會中，哪個集團一方面希望各個等級的人都只能按照他們的等級地位（即郭象所規定的「自性」）活動，另一門閥世族本身的社會地位使他們可以「戴黃屋，佩玉璽」，可以「終日揮形而神氣無變」，可以這樣也可以那樣，「無往而不為天下君」，他們的「逍遙放達」的範圍是很廣大的，甚至可以說是無限制的。一般老百姓名義上也可以「逍遙放達」，但其實他們「自由」的範圍是很小的。郭象的哲學，以「遊外以弘內」取代了「越名教而任自然」；又用「無心而任乎自化者應為帝王」取代了「名教中自有樂

地」。就前者說，可以避免使門閥世族等級制度遭受破壞的危險；就後者說，又可以擺出超然物外不為世事所累的姿態。郭象依據當時門閥世族統治的社會勾畫出一幅合理的社會藍圖，這就是說他認為「現實的就是合理的」。現實社會的存在自然有其存在的理由，就這方面說「現實的」確有其「合理性」。 但是，如果對「現實存在著的」給以價值判斷，如果從歷史作為一發展過程的觀點看，「現實存在著的」並不具有天然的「合理性」。「現實存在著」總是某種「合理性」和「不合理性」的統一，而且必定會由其具有某種「合理性」走向全然的「不合理性」。因此，批判哲學的批判功能是最可貴的人類精神。

第九章　郭象哲學中的理論問題 (上)

在〈郭象的哲學體系〉的兩章中已涉及到他的許多哲學理論問題，本章和下一章將對他的某些重要哲學理論問題作進一步討論，以說明他在中國哲學史上的貢獻及其哲學理論存在的問題。照我看魏晉玄學所討論的主要問題可以歸為以下四個相互聯繫的問題：(1)「有」與「無」；(2)「動」與「靜」；(3)「知」與「無知」(聖智)；(4)聖人學致問題。如果說王弼 (何晏) 是魏晉玄學的創始者，那麼郭象則是魏晉玄學發展的高峰，而僧肇則是魏晉玄學的終結者，同時又開創了中國的佛教哲學。僧肇的《肇論》正是對上述四個玄學問題依據佛教般若學所作的哲學理論上的發揮。他的〈不真空論〉討論了「有」、「無」問題；〈物不遷論〉討論了「動」、「靜」問題；〈般若無知論〉討論了「知」與「無知」問題；〈涅槃無名論〉討論了聖人學致問題。本章將集中討論郭象對這四個問題的看法。

㈠關於「有」與「無」的問題

王弼提出「以無為本」的「貴無」思想體系，郭象提出「有物自造」的「崇有」思想體系，僧肇提出既反對「貴無」，又反對「崇有」的「非有非無」的「中道觀」。這一思想的演進過程，在中國哲學發展史上無疑有著一定的典型意義。而郭象哲學正是處在這個

發展過程中的中間環節，因此解剖他對「有」和「無」關係的看法，對瞭解魏晉玄學作為一種哲學思潮發展的進程是非常有意義的。

王弼的「以無為本」的「無」不是「虛無」的意思，用金岳霖先生說老子的「道」可以瞭解為「不存在而有」，我想用「不存在而有」來說明王弼的「無」或者更為恰當。王弼的「無」實際上是指抽掉一切具體規定性的「有」(pure being)，即最抽象的「一般」。如果說，任何具體的事物都有其具體的規定性，即以某種規定性為「性」，那麼王弼的「無」，它不是什麼具體的東西，它是無規定性的，即以「無規定性」為「性」。無規定性的「無」是不存在的，但它又是一切存在的根據，是「純有」(pure being)。這個問題，王弼在他的〈老子指略〉中有明確的說明：

> 夫物之所以生，功之所以成，必生乎無形，由乎無名。無形無名者，萬物之宗也；不溫不涼，不宮不商；聽之不可得而聞，視之不可得而彰；體之不可得而知，味之不可得而嘗。故其為物也則混成，為象也則無形，為音也則希聲，為味也則無呈，故能為品物之宗主，苞通天地，靡使不經也。

這裡王弼要說明的是「有名」、「有形」的是生乎「無名」、「無形」的。為什麼是這樣呢？照王弼看，是方形則不能同時是圓形，是「宮」則不能同時是「商」。只有「無形」才可以成就任何形，「無聲」才可以成就任何聲。因此，只有「無」才可以成就任何的「有」。但「無形」、「無聲」等等都不能是具體的「存在」，可是它即是「無形」，這「無形」之「形」，就是所有「形」的抽象，是包括了任何「形」，所以它是「不存在而有」。准此，「無」當然不能是具體的

存在物，我們可以說它不是「有」，即是說它是「無有」之「有」，「無有」之「有」就是所有「有」的抽象，是「純有」。它「苞通天地，靡所不經」，所以它是「不存在而有」。因此我們說王弼哲學的基本命題是「以無為本」，把「無」作為「萬有」存在的本體。為什麼王弼要為「萬物」找一它存在的本體呢？因為他要尋找宇宙的統一性，所以他說：「萬物萬形，其歸一也。何由致一？由於無也。由無乃一，一可謂無。」（《老子》第四十二章注）

　　郭象關於「有」、「無」問題在第七章中已討論過，現在需要提出的是「有」和「物」是個什麼關係。郭象的「物」是指具體存在物，如說「物各有性，性各有極」。那麼「有」是不是也指具體存在物呢？據他的《莊子注》看，「有」也可以說具有具體存在物的意思，如他說：「此所謂有不能為有，自有耳。」又說：「明物物者無物，而物自物耳。」如說：「夫有不得變為無，一受成形，則化盡無期。」「成形」之「有」當是具體存在物。但這裡的「有」也可以瞭解為存在物之全體。然「物」有時也是指「任何一物」或「全體之物」。看來，郭象往往是把「有」看成是「存在物之全體」，這有點像他給「天」下的定義那樣，「萬物之總名」。如果要分，「物」和「有」有什麼區別，那麼我們可以說，郭象的「物」較多的指「具體的存在物」，或者說是指一個體，是「別名」；而他的「有」多指「存在物之全體」，是一「總名」，是個集合名詞。但郭象的「有」則不是一抽象的概念，不是「殊相」之「共相」。「有」（或「物」）是指「個體存在物」或「存在物之總合」，都不是「共相」。「存在物之總合」不過是一個一個物的相加，雖然可以加到無限，但仍然是「量」的問題，這樣就可以排除了在「有」（或「物」）之外還有什麼造物主或另一性質之「本體」。

　　郭象建立其「崇有」體系看來並不是要討論「殊相」和「共相」，雖然我們可以說他不可避免地接觸到這一問題。但他主要是要論證「上知造物無物，下知有物之自造」。如果，「物各自造」，這就是說「物」各有各的「自性」，而「自性」是「自生」的。就這點看，郭象注意的是事物的「個別性」。而且每一個事物的存在又是不依賴於外在條件的。因此，我們說郭象注意的是每個具體事物自身的統一。

　　僧肇的〈不真空論〉即批評了「本無」，又批評了「即色」，而提出「非有非無」的「中道觀」。僧肇據般若學「諸法本無自性」的觀點，批評「本無」說：

> 本無者，情尚於無多，觸言以賓無。故非有，有即無；非無，無亦無。尋夫立文之本旨者，直以非有非真有，非無非真無耳。何必非有無此有，非無無彼無？此直好無之談，豈謂順通事實，即物之情哉！

僧肇的意思是說，「本無」太偏好「無」了，因此他們說「非有」，把「有」說成「無」；說「非無」又把「無」說成「無」。但是「非有」，只是說「有」非真有；「非無」也只是說「無」非真無。為什麼說「非有」就認為無此「有」呢？說「非無」就認為無此「無」呢？這不過是本無宗偏好「無」的觀點，和事情的真實情況並不相符。僧肇這一觀點，雖然是批評東晉時般若學的「本無宗」的，但實際上也批評了王弼的「貴無」學說。因為王弼貴無說也是「情尚於無多，觸言以賓無」的（按：關於這一問題，尚可作進一步研究，此不贅述）。僧肇對「即色」的批評說：

> 即色者，明色不自色，故雖色而非色也。夫言色者，但當色
> 即色，豈待色色而後為色哉？此直說色不自色，未領色之非
> 色也。

這裡僧肇的意思是說，即色論認為色（「有」）不是自己成為「有」
的，萬物的存在都要依靠一定條件，所以它並不是真實的存在。真
實的存在應該是它本來就存在著，不需要任何條件而成為存在。僧
肇批評說，即色的這種觀點，僅僅是以事物不能獨立自存為理由來
否定事物的存在，但還沒有瞭解到存在著的事物本身就是「非色」
（空）。即色論認為，一切事物都要依靠一定條件而存在，這點與郭
象的「崇有」思想不同。郭象認為「物各有性」也和即色論認為事
物並沒有自身存在的「自性」也不相同。但即色論並不瞭解「色本
是空，猶存假有」（見元康〈肇論疏〉對即色論的批評）。這就是說
即色論對事物存在的這一現象和「性空」本來是一回事，因此也就
是說對「諸法本無自性」還沒有正確的瞭解。僧肇在這裡雖不能說
也直接批評了郭象，但他的「不真空論」的「諸法本無自性」卻不
能不說是也涉及到郭象的「物各有性」這一命題了。因此，我們可
以說僧肇也間接的批評了「崇有論」。

由王弼到郭象再到僧肇可以說關於「有」和「無」的討論是一
個問題深化的過程，就這個意義上說僧肇的〈不真空論〉是對魏晉
玄學的一個總結。

(二)關於「動」與「靜」的問題

王弼《老子》第十六章注說：「凡有起於虛，動起於靜，故萬

物雖並動作，卒復歸於虛靜，是物之極篤也。」「虛」即「無」也，
「有」的起因在於「無」，「動」的起因在於「靜」，所以萬物的種
種活動雖一起發生，從根本上說是要回到虛靜的，這是事物的最終
極的道理。由這裡可以看出，王弼討論「動」、「靜」問題是和他討
論「有」、「無」問題相聯繫的。為什麼「動」、「靜」問題和「有」、
「無」問題是相聯繫的問題呢？王弼在《周易・復卦注》中說：

> 復者，反本之謂也。天地以本為心者也。凡動息則靜，靜非
> 對動者也；語息則默，默非對語者也。然則天地雖大，富有
> 萬物，雷動風行，運化萬變；寂然至無，是其本矣。……冬
> 至，陰之復也；夏至，陽之復也，故為復則至於寂然大靜。
> ……

王弼的意思是說，「復」是萬物（萬有）反回到本體之無的狀態。
天地萬物是以至無的「本體」作為其核心。「本體」既然是寂然「至
無」的，因此它也是「寂然大靜」的。這「寂然大靜」之「靜」不
是和「動」相對的「靜」。這種「靜」是常態之靜，是「本體」的
絕對的「靜」。而現象界中的天地萬物，雷動風行，運化萬變，那
只是變態，是暫時的現象，「寂然至無」才是那些變動的現象的本
體。王弼把「本體之無」描繪成是「寂然大靜」，這也是不得已而
為之。因「本體之無」本來是不可言說的，只能勉強這樣說罷了。
為什麼「寂然至無」是「寂然大靜」的呢？蓋因「本體之無」不是
任何具體事物，也不是一個一個事物相加的事物之全體，它只是一
超越時空的抽象概念，而此抽象之概念是抽掉了一切性質的「無規
定性」之最空之概念。作為一抽象概念說，它是不可能有運動變化

的；作為一無規定性的最空之抽象概念，它只能是「常靜」，這「常靜」並不是與「動」相對的「靜」，而是「寂然大靜」。因此，我們說，王弼的「以無為本」的哲學系統在動靜問題上，是以「靜」為「常（態）」，以「動」為「變（態）」，「靜」是「本」，而「動」是「末」，這與他的「無」是「本」，而「有」是「末」相一致。「反本」是反回到「寂然大靜」的「寂然至無」。

郭象的「崇有獨化」學說則與王弼不同，他認為「運動變化」是事物存在的狀態，而且是絕對如此的狀態，〈齊物論〉注中說：

> 日夜相代，代故以新也。夫天地萬物變化日新，與時俱往，何物萌之哉！自然而然耳。

按：「萌」或作「明」。「萌」有「使之發生」義。郭象認為，事物每時每刻都在變化之中，新的總是代替舊的，事物和時間一起俱往，哪裡有什麼東西使它如此呢！這是事物自然而然的狀態。這裡郭象把事物的運動變化和它的自生自化聯繫在一起，這是他「崇有獨化」體系的合理要求。為了進一步論證他的觀點，郭象提出不僅個別事物是處在運動變化之中，而且整個宇宙（事物之全體）也是處在運動變化之中，運動變化是絕對的，他說：

> 夫無力之力，莫大於變化者也；故乃揭天地以趨新，負山岳以舍故。故不暫停，忽已涉新，則天地萬物無時而不移也。世皆新矣，而自以為故；舟日易矣，而視之若舊；山日更矣，而視之若前。今交一臂而失之，皆在冥中去矣。故向者之我，非復今我也。我與今俱往，豈常守故哉！而世莫之覺，橫謂

今之所遇可係而在，豈不昧哉！（〈大宗師〉注）

在宇宙間什麼力量最大，照郭象看，「變化」的力量最大，所有的東西都由這種力量推動著，而以新代故。如果沒有這樣的認知，而認為有什麼不變的東西，是一種愚昧的想法。郭象之所以要否定在什麼不斷變化著的事物之外還有什麼永遠不變的東西，這正是他「崇有獨化」思想所要求的。照王弼看，現象界的一切事物都是在變動之中，但支持現象界存在的本體則是不運動的，而且是「寂然大靜」（即不是與「動」相對應的「靜」）；郭象認為除了存在著的種種運動著的事物之外，再沒有什麼不運動的「造物主」或另一事物的本體。為否定「造物主」或「本體之無」，在他的體系中必須排除「寂然大靜」之類，所以他說：「以變化為常，則所常者無窮也。」（〈天運〉注）

在討論生死問題中，郭象認為，從一個人說，「生」和「死」可以說是其最大的變化，〈德充符〉注中說：「人雖日變，然死生之變，變之大也。」但「生」和「死」只有相對的意義，都是事物存在的一種狀態，他在〈齊物論〉注中說：

夫死生之變，猶春秋冬夏四時行耳。故死生之狀雖異，其於各安所遇，一也。今生者方自謂生為生，而死者方自謂生為死，則無生矣。生者方自謂死為死，而死者方自謂死為生，則無死矣。

郭象的這一看法是基於他認為一事物存在了，那麼它的生生化化是沒有窮盡的，「一受成形則化盡無期」。此事之「生」是此事物之

「生」，此事物之「死」是此事物之「死」，這不過是存在的狀態不同，其主體仍是此事物，「雖變化相代，原其氣則一」（〈寓言〉注）；無論是「生」，無論是「死」，仍都為此「有」，「更相為始，則未知孰死孰生也」（〈知北遊〉注）。據此，郭象認為，人應生時安生，死時安死，他說：「齊死生者，無死無生者也；苟有乎死生，則雖大椿之與蟪蛄，彭祖之與朝菌，均於短折耳。故遊於無小無大者，無窮者也；冥乎不死不生者，無極者也。」（〈逍遙遊〉注）「忘年故玄同生死」（〈齊物論〉注）。這就是說，對人的「生死」這樣最大的變化問題，如果瞭解了「生」和「死」只是存在的狀態不同，那麼人才可以真正的逍遙放達，而遊於無何有之鄉了。

如果從郭象對歷史的看法方面來看，他認為社會是在不斷的變化之中，〈天道〉注中說：「當古之事，已滅於古矣。雖或傳之，豈能使古在今哉？古不在今，今事已變，故棄學任性，與時變化而後至焉。」事物及其活動隨著時間的變化而變化，已變化了的事情雖然可以留傳下來，但是並不能使已變化了的事情再回來。所以一切在變化中，能夠與時俱變的才是最為高超的人。據此，郭象分別了「跡」與「所以跡」的問題。他認為，無論什麼樣的聖人，他所做的事都是他活動留下來的痕跡，這無非是「陳跡」，效法它是無意義的，他說：「時移世異，禮亦宜變，故因物而無所繫焉，斯不勞而有功也。」（〈天運〉注）故遊於變化之途者，「以變化為常，則所常者無窮也」（〈天運〉注）。郭象看到事物（無論自然界或人類社會）是永遠處在變動之中，這一觀點是很有意義的。但他據此而認為對一事物說「生」和「死」只是狀態的不同，則有混同「生」和「死」的質的不同的問題，這樣就導致相對主義，而陷入片面性。特別是，他把運動變化絕對化，而否定了相對的靜止狀態，這從一

個方面說，會導致對事物無法認識；從另一個方面說，又可以否定歷史經驗的意義。這是應為我們注意的。

　　王弼認為「本體之無」為「寂然大靜」，郭象一切之「有」以變化為常，而僧肇之〈物不遷論〉則認為事物的動靜是沒差別的，是非動非靜，動靜皆空，該文引《放光般若經》云：「法無去來，無動轉者。尋夫不動之作，豈釋動以求靜？必求靜於諸動。必求靜於諸動，故雖動而常靜。不釋動以求靜，故雖靜而不離動。」接著他說：「然則動靜未始異，而惑者不同。緣使真言滯於競辯，宗途屈於好異，所以靜躁之極，未易言也。」《放光般若經》的意思是說，說一切事物都是沒有什麼運動變化的。但佛經中說的事物無運動變化，並不是離開運動去追求靜止。而是說要於動中看到靜。在動中看到靜，因此雖動而常靜。不離開動去求靜，那麼雖然是靜，但並非離開動的靜。據此，僧肇得出結論說：其實動靜沒有什麼差異，只是迷惑的人的不同看法。把動和靜看成是不同的人不能根據佛教的真理而有無休止的爭辯，於是使佛教真理在人們的爭論中是得不到彰明。因此，關於動靜不異的道理，也就不容易說清了。如果說，王弼的「以無為本」，是以「本無」、「寂然大靜」，是主張「非動」；郭象「崇有獨化」，是「萬有」「以變化為常」，是主張「非靜」；那麼僧肇則以「非有非無」的中道觀立論，而證之以「非動非靜」、「動靜皆空」。看起來僧肇解決了王弼和郭象各執一偏之弊，但僧肇的「物不遷」理論之根據「諸法本無自性」這個命題，假使我們追問如果「諸法本無自性」，「佛性」如何安置，可能是一問題。從而「非動非靜」之「動靜不異」的命題能否成立，也是一個需待證實的命題，這裡只能存而不論，在附錄的〈論魏晉玄學到唐初重玄學〉中稍有討論。

㈢關於「知」與「無知」的問題

　　王弼在《周易略例・明象》中提出「得意忘言」的方法，蓋因「道」是「不可道，不可名」的。這就是說，「本體之無」超言絕象，非「知」之對象。如果把「本體之無」看作「知」之對象，那麼「本體之無」則非「大全」；但「本體之無」是不可分割的，故人們雖可通過現象以觀其「本體」，但現象並非「本體」故不能執著現象以為「本體」，而必須超越現象以達本體，此即謂「得意」須「忘言」也。故〈老子指略〉中說：「道」，「體之不可得而知」。《老子》第二十五章注中說：「自然者，無稱之言，窮極之辭也。用智不及無知。」何劭〈王弼傳〉中記載說：

> 時裴徽為吏部郎，弼未弱冠往造焉。徽一見而異之，問弼曰：「夫無者誠萬物之所資也。然聖人莫肯致言，而老子申之無已者何？」弼曰：「聖人體無，無又不可以訓，故不說也。老子是有者者也，故恆言其所不足。」

王弼認為，因為「本體」即是萬物之本體，非為另一物，對它只能通過「有」來體會，而不能用語言來說。又韓康伯《周易・繫辭》注引王弼言，其言曰：「夫無不可以無明，必因於有，故常於有物之極，而必明其所由之宗也。」「無」是不能說的，要靠「有」來證明「有」必有一其存在之根據。所以「本體之無」只是能從「有」必有其存在根據推而知之，而不是直接識知之對象。這裡王弼雖未明確討論「知」與「無知」的問題，但其對《老子》第一章注所說：「可道之道，可名之名，指事造形，非其常也。故不可道，不可名

也。」已可說明，王弼實以對「道」只能是「無知」的，故曰：「是
道不可體，故但志慕而已。」（《論語釋疑》）

　　郭象的《莊子・大宗師》注中說：「天者，自然之謂也。夫為
為者，不能為而為，自為耳；為知者，不能知而知，自知耳。自知
耳，不知也，不知也則知出於不知矣；自為耳，不為也，不為也則
為出於不為矣。為出於不為，故以不為為主；知出於不知，故以不
知為宗。是故真人遺知而知，不為而為，自然而生，坐忘而得，故
知稱絕而為名去也。」郭象關於「知」與「無知」的問題是和他所
討論的「為」與「無為」的問題相一致的，都是其「崇有獨化」體
系所要求。照郭象看，任何事物就其「自性」說都是獨立自足地生
生化化的，因此此一事物對他一事物是無能為力的，任何事物都只
能是「自為」，而「自為」即是「無為」。因為，「物各有性」，而不
能知其他事物之「性」，只能知其「跡」，而不能知其「所以跡」。所
以它不能知其他事物之「性」；只能知自己之「性」，知自己之「自
性」，實際上是「不知」。〈齊物論〉注中說：「知無無矣，而猶未能
無知。」如果只知道沒有「本體之無」這還不能達到「苊然無知而
直往之貌」。蓋「知無無」尚有一知之對象，只有「無知」才可「彼
我玄同」、「化盡無期」。故郭象注「俄而有無矣，而未知有無之果
孰有孰無也」一句說：「此都忘其知也。爾乃俄然始了無耳。了無
則天地萬物，彼我是非，豁然確斯也。」只有忘「知」才可以把一
切都看成自然而生，原來如此，任之自爾，「故天下莫不芒也」（按：
簡文曰：芒，同茫也）。無論是執著「外物」或執著「自我」，皆為
所累，而不得逍遙遊放，故必不為「知」所累，才可以出處常通，
應物無累於物，故曰「知出於不知，故以不知為宗，是故真人遺知
而知」（〈大宗師〉注）。

僧肇的〈般若無知論〉也是討論「知」與「無知」的問題，他把般若空宗的觀點概括為「以無知之般若，照彼無相之真諦」。 他認為，般若聖智和世俗的「惑取之知」全然不同，它是超越世俗的所謂能知與所知之上的一種特殊的智慧，這種智慧能照見「諸法性空」之真諦。僧肇說：「夫有所知，則有所不知。以聖心無知，故無所不知，不知之知，乃曰一切知。」 蓋有所知，則有所蔽；無所知，則無所蔽。般若空宗認為，萬法性空，真諦無相，如認識到萬法之假有，排除了一切世俗之認識，這樣才是洞照了性空之真諦。這就是說，對一切世俗之認識必須不斷排除，不斷否定，排除到無所排除之域，否定到無可否定之境，境照雙泯，而至聖心無知。僧肇的〈般若無知論〉實際上是用一種否定的方法來排除一切世俗的執著，從而以達到「破相顯性」之結果。般若空宗把一切破除了，如《大般若經》五五六卷中說：「時諸天子問善現言：豈可涅槃亦復如幻？善現答言：設有法更勝涅槃，亦復如幻，何況涅槃？」 般若空宗在破除一切之後，是否尚有建立？此是〈涅槃無名論〉應討論之問題。

由王弼經郭象而僧肇，可以看出他們都是在否定對現象界認識的執著，而主張要排除這些對外在現象界的知識，這樣才可以認識「真理」，而對「真理」的認識只能是用「無知」之「知」，即僧肇所謂的「聖智」。

㈣聖人「可學致」與「不可學致」的問題

何劭〈王弼傳〉中說：「何晏以為聖人無喜怒哀樂，其論甚精。鍾會等述之。弼與不同，以為聖人茂於人者神明也，同於人者五情也。神明茂，故能體沖和以通無；五情同，故不能無哀樂以應物。

然則聖人之情，應物而無累於物者也。今以其無累，便謂不復應物，失之多矣。」何晏的「聖人無情」說已不可詳考，但根據一些材料大體可知，何晏以為聖人純乎天道，未嘗有情，故《老子》曰：「天道無情。」賢人以情當理，而未嘗無情，至若眾庶固亦有情，然違理而任情，為喜怒所役使而不能自拔，何晏說：「凡人任情，喜怒違理，顏回任道，怒不過分。」（《論語集解・衛靈公章注》）照王弼看，因為，情乃人之「自然之性」，「自然之性」怎麼能去掉呢？聖人只能做到「動不違理」，「應物而無累於物」。那麼為什麼聖人可以做到「動不違理」，「應物而無累於物」呢？這是由於聖人「茂於人者神明」的緣故。「聖人茂於人者神明」的意思，是說聖人「智慧自備」、「自然己足」，所謂「自備」則非所得，也就是說出自「自然」，所以「聖人天成」。由於聖人「智慧自備」，則可無為無造，德合自然，而「體沖和以通無」，「與道同體」。聖人「智慧自備」，故非學所得；聖人天成，故非養成所致，故聖人不可學、不可致也。

郭象同樣認為聖人不可學、不可致。〈德充符〉注中說：「言特受自然之正氣者至希也，下首則唯有松柏，上首則唯有聖人」；「夫松柏特稟自然之鍾氣，故能為眾木之傑耳，非能為而得之也。」郭象這一觀點或受嵇康之影響，〈養生論〉中說：「神仙稟之自然，非積學所致。」蓋郭象之「崇有獨化」以「物各有性」，且「性」不能易，「性各有分……豈有能中易其性者」（〈齊物論〉注）。故臣妾有臣妾之性，眾庶有眾庶之性，聖人有聖人之性，「天性所受，各有本分，不可逃，亦不可加」（〈養生主〉注）。故郭象提出「學聖人者，學聖人之跡」，「法聖人者，法其跡耳」（〈胠篋〉注）。而聖人之「跡」亦實無可效法，〈讓王〉注中說：「夫聖人因物之自行，故無跡。然則所謂聖者，我本無跡，故物得其跡，跡得而強名聖，則

聖者乃無跡之名也。」既然聖人無跡，故其「跡」也只是人們所認
為的是聖人之跡，但其是否為聖人之「跡」亦不可知。故郭象雖立
論與王弼不同，而卻都認為聖人不可學，亦不可致也。這種觀點可
以說是魏晉玄學家的共同看法。

　　我們還可討論與聖人學致有關的另一問題，即聖人的境界問
題。照郭象看：「夫大小雖殊而放於自然之場，則物任其性，事稱
其能，各當其分，逍遙一也。豈容勝負於其間哉。」照郭象看，任
何事物只要是各任其性，各當其分，同樣都可以是逍遙的。就這點
看，似乎臣妾、從庶、聖人的逍遙都是一樣的。但實際上，聖人之
逍遙與一般人之逍遙並不相同。一般人是以「適性」為「逍遙」，而
聖人不僅以「適性」為「逍遙」，而且是「玄同彼我」為其逍遙之
境界。郭象不承認在現實世界之上還有一造物主或「本體之無」，但
他卻認為聖人在精神境界上可以超越現實。郭象說：「物各有性，
性各有極。」任何事物都有其規定性，其規定性的發揮都是有其極限
的。但是郭象給聖人的規定性是「遊外以弘內」，故可以「同天人，
均彼我」，「忘天地，遺萬物」（〈齊物論〉注），「此乃至德之人，玄
同彼我者之逍遙」（〈逍遙遊〉注）。這就是說，聖人之所以為聖人，
他的精神境界是沒有什麼極限的，他能與萬物一起變化，「能無待
而常通」。故郭象說：「夫體神居靈而窮理極妙者，雖靜默閒堂之裡，
而玄同四海之表，故乘兩儀而御六氣，同人群而驅萬物。苟無物而
不順，則浮雲斯乘矣。……」（〈逍遙遊〉注）這就是說，郭象的聖
人是「即世間而出世間」的。但照郭象的「崇有獨化」理論則無「世
間」之外的「世間」，故其「出世間」只能是一種聖人的精神境界。
而這種精神境界只是聖人的精神境界，非一般人所能有。就此亦可
知郭象是認為聖人是不可學、不可致的。

　　僧肇是否著有〈涅槃無名論〉尚無定論，茲非本書所要討論之
問題，但〈涅槃無名論〉為當時著名之佛教論文則無可疑處。「涅槃」
即「滅度」之義，此與得道成佛有關。該論中有云：「經曰：涅槃
非眾生，亦不異眾生。維摩詰言：若彌勒得滅度者，一切眾生亦當
滅度。」　這意思是說，不覺悟的眾生當然不可能得道成佛，而覺悟
的眾生就和彌勒一樣可以得道成佛。佛教作為一種宗教需要給人們
指示一條得道成佛之路，否則其意義將會落空，而得不到人們之信
仰。故必主張「聖人」（佛）可學可致。〈涅槃無名論〉中還有如下
一段：「夫群有雖眾，然其量有涯，正使智猶身子，辯若滿願，窮
才極慮，莫窺其畔。況乎虛無之數，重玄之域，其道無涯，欲之頓
盡耶？」　宇宙萬物雖然很多很多，但它的數量總還是有個極限，即
使智慧之高如舍利佛，辯才之強如富樓那，也很難窮盡宇宙萬物的
邊畔；更何況虛無之數、重玄之域，它的道理是無窮無盡的，想要
頓悟就達到，那怎麼可能呢？這就是說，得道成佛應靠漸修，不可
能一下子「徑登十地」。陳慧達〈肇論序〉中說：「但圓正之因，無
上般若；至極之果，唯有涅槃。故未啟重玄，明眾聖之所宅。」　元
康疏謂：「『但圓正之因，無上般若』者，此〈般若無知論〉也。涅
槃正因，無有尚於般若者也，『至極之果，唯有涅槃』耳。般若極
果，唯有涅槃之法。『故未啟重玄』者，以此因果更無，加上『故
未』，　後明此兩重玄法。般若為一玄，涅槃為一玄也。前言真俗，
指前兩論；後言重玄，指後兩論。此是必然，不勞別釋。重玄者，
老子云：『玄之又玄，眾妙之門。』今借此語，以目涅槃般若，謂一
切聖人，皆住於此，故名為『宅』也。」　如果前引〈涅槃無名論〉
中之「重玄之域」是指一種境界，這種境界是可學可致的，則此處
「重玄」者，兼有達到得道成佛之方法義。意謂「般若」為一玄，

「涅槃」為一玄，故曰「重玄」。元康的意思是說，《肇論》四篇有前後演進的關係，前兩論〈不真空論〉和〈物不遷論〉是討論「真諦」、「俗諦」問題；後兩論〈般若無知論〉和〈涅槃無名論〉則是討論成佛之因果問題。後兩論之論因果，般若為因，涅槃為果；般若為一玄，涅槃為一玄，此即「重玄」。只講般若一玄，未達極致，必有涅槃之「又玄」，至「重玄」方可彰聖。達到「涅槃境界」才是佛教之目標，故聖人（佛）可學可致明矣。據此，我們可知魏晉玄學家多以「聖人不可學致」，而僧肇、慧達、元康等佛教高僧大德均以「聖人可學可致」。（請參看湯用彤先生之〈謝靈運《辨宗論》書後〉，《湯用彤選集》，天津人民出版社，1995年版）

第十章 郭象哲學中的理論問題（下）

除上章所討論的郭象哲學中所涉及的重要理論問題之外，本章將分析另外幾個他所接觸到的哲學理論問題，從一個層面看這些問題對提高人們的理論思維能力也是很有意義的，但由於郭象的思想體系並不十分周延，致使其體系內部不能不存在若干矛盾。

(一)「（命）理」與「自性」

在魏晉玄學中「體」和「用」這對概念已被明確使用，不僅見於王弼的《老子注》，如他說：「萬物雖貴，以無為用，不能捨無以為體也。」（《老子》第三十八章注）而且見於鍾會的《老子注》，如說：

> 舉上三事，明有無相資，俱不可廢，故有之以為利，利在於體；無之以為用，用在於空。故體為外，利資空，用以得成；空為內，用借體，利以得就。（引自李霖《道德真經取善集》，《老子》第十一章注）

在王弼的哲學中「體」和「用」有時又用「本」和「末」來表示「體」和「用」的關係。從一個意義上說，王弼哲學體系中，一個個的存

在物（有）是個別的，而作為萬物存在之根據的本體之「無」則是一般。他的本體之無是抽空了任何具體內容的「共相」，而有具體規定性的「物」（有）則是「殊相」。在郭象的哲學體系中，雖也講到「體」和「用」，如說：「見所嘗見，聞所嘗聞，而猶暢然，況體其體，用其性也。」（〈則陽〉注）這裡的「體其體」的後面之「體」是「萬物」的意思，如他說：「天地以萬物為體。」（〈逍遙遊〉注）所以在郭象哲學體系中「體」就是指一個一個的萬物本身，沒有「共相」的意思，而「天」（天地）也只是「萬物」的「總名」，是一個集合名詞，也沒有「共相」的意思。那麼在郭象的哲學體系中沒有一個與「殊相」（個別）和「共相」（一般）相對應的概念呢？或者有說郭象《莊子注》中的「天理」（或「命理」）和「自性」相當於「共相」和「殊相」的關係。然此看法是否可成立？關於「自性」前幾章已有許多討論，如說「物各有性，性各有極」，這是強調「物」的特殊性。不僅人有人之性，馬有馬之性，而且此人有此人之性，如為駢拇，彼人有彼人之性，如枝指，各不相同；此馬有此馬之性，如日可行八百里，彼馬有彼馬之性，如可日行一千里。這是「自性」的問題。關於「理」這一概念，郭象在〈德充符〉注和〈寓言〉注中比較集中的討論到。在這兩篇注裡所講到的「理」大體上都是說每個事物依其「性分」而存在都有其不可逃的必然性，如說「其理故當，不可逃也」，「理有必應，若有神靈以致之也」，「理必有終，不由於知，非命如何」等等。但把前後文聯繫起來看，郭象所說的「理」並不是和「殊相」相對的「共相」，因此它不是決定「自性」的必然性，而是說由每個事物的「自性」所決定此事物如此生生化化的必然性。在〈寓言〉注中說：

> 不知其所以然而然謂之命，似若有意，故又遺命之名，以明
> 其自爾，而後命理全也。

郭象認為，事物如此地生生化化好像被什麼支配著，把這叫「命」
吧，如果是這樣，那就應該去掉「命」這個名稱，以便人們瞭解事
物本來都是自然而然地生化著，事物的這種自然而然的生化狀態是
沒有什麼使它如此的，這才是「命理」的真正意思。顯然郭象是在
強調事物的「自爾」（事物的「自性」決定其自身如此的而不是如
彼的生生化化），而以為「命理」只是「自爾」的表現。接著郭象
在〈寓言〉注中又說：

> 理必有應，若有神靈以致之也。理自相應，相應不由於故也。
> 則雖相應，而無靈也。

郭象的意思是說，事物和理相應，好像是有什麼使它如此的，其實
是事物的理（必然性）和事物自身（的「自性」）相應，這種相應
是沒有什麼原因的，所以相應是自然如此，並沒有什麼東西使之如
此。這裡似乎又沒有把必然性和偶然性區別開來。在〈德充符〉注
中說：

> 夫我之生也，非我之所生也，則一生之內，百年之中，其坐
> 起行止，動靜趣舍，情性知能，凡所有者，凡所無者，凡所
> 為者，凡所遇者，皆非我也，理自爾耳。而橫牛休戚乎其中，
> 斯又逆自然而失者也。

這裡郭象的意思也是說，人的一生之如此不是他主觀所追求的，所有、所為、所無、所遇也不是自己主觀所能求得的，這些都是自然而然如此的，由「自性」決定的某個事物自身所使之如此的，「理自爾耳」，如果對其如此之生和如此之作為產生什麼喜歡或不喜歡，這就要違背其自然之性。這就是說，「理」是每個事物由其「自性」所決定的必然性，所以郭象說：「以其知分，故可以言理也。」（〈繕性〉注）只有瞭解每個事物的「性分」，才可以討論每個事物的「理」。這就是說，每個事物有每個事物的「理」，沒有一個統一的「理」。不是「理」規定此事物為此事物，彼事物為彼事物，而是此事物有此事物之「理」，彼事物有彼事物之「理」，「物物有理，事事有宜」（〈齊物論〉注）。

在郭象的哲學體系中，事物都是一個一個的單獨的存在物，都因其「自性」和其他事物相區別，他說：「夫長者不為有餘，短者不為不足，此則駢贅皆出於形性，非假物也。」（〈駢拇〉注）駢拇、枝指都是「自足其性」的，它們的不同都是不得不如此。世界上的形形色色各不相同，所以不必去求同，而是應讓它們都按照各自的本性行事就可以了。可見郭象所注意的是事物的「個性」，事物的差別性，但他忽視了事物的「共性」，這樣造成對「一般」和「個別」的割裂，或「具體」與「抽象」的混同。如果說王弼的哲學的走向是「用反歸體」，那麼郭象的哲學則走向「即用是體」。

郭象注意到事物的不同，看到事物是一個一個的具體的存在物，從而對「具體」（個別事物的特性）有所認識，在這方面無疑有其特殊的意義，他據此而否定造物主和「本體之無」。但是由於不適當的強調事物只是個別具體的存在物，從而把「個別」和「一般」割裂開來，混同偶然和必然，而不能不帶有神祕主義和不可知

論的色彩，所以郭象有如下的說法：「凡以上事（按：指『生死存
亡』等等），　皆不知其所以然而然，故曰芒也。今夫知者，皆不知
所以知而自知矣，生者皆不知所以生而自生矣。萬物雖異，至於生
不由知，則未有不同者，故天下莫不芒也。」

(二)「獨化」與「相因」

　　郭象哲學中有一個很重要的命題：「夫相因之功，莫若獨化之
至」。　這個命題可以說接觸到「內因」和「外因」的問題，或者說
是「根據」與「條件」的問題，它的意思是說，事物之間相互為因
（條件）的功用，比起事物自身獨立自足的生生化化是沒有意義的。
　　照郭象看，所謂「獨化」是說事物都是獨立自足的生生化化的，
而此事物之如此地獨立自足的生生化化，彼事物之如彼地獨立自足
的生生化化，都是由它們的「自性」決定的，不是由什麼外在的造
物主或「本體之無」等等所決定的。事物存在和活動的根據在其自
身的「自性」，「自性」不僅是「自生」的，而且是「無待」的，因
此從原則上說任何事物的存在與活動都可以是不需要有什麼外在條
件。從郭象認為事物的存在與活動只能從其自身找原因方面看，可
以說他的哲學思想已包含有「內因是事物存在的根據」的觀點。郭
象據此不僅反對在事物自身之外去找尋其存在的根據，甚至也不承
認事物的存在與外部條件有關，這點和裴頠是有所不同的。郭象反
對從事物外部去找其存在的根據，我們可以說他在反對「外因論」，
這點在中國哲學史上是難能可貴的。至於郭象認為事物的存在不需
要外部條件，這就有問題了。在郭象對於「因」的解釋中我們或者
可以發現他的問題。他對「因」有多種的解釋，如「因其性而任之
則治，反其性淩之則亂」（〈在宥〉注）。此處之「因」是「順」的

意思。如「雖工倕之巧，猶任規矩，此言因物之易」（〈達生〉注）。
此處之「因」似有「依靠」意，但實際上也有「順」的意思。而〈齊
物論〉注中說：「達者，因而不作」，「夫達者之因是，豈知因為善
而因之哉！不知所以因而自因耳，故謂之道也。」此處「因」有「任」
之意，「所以因」指「為什麼如此因」。達者的「因」是對其他事物
不做什麼，因此事物之所以如此是「任其自因的」，這叫作道。在
「相因」與「獨化」對舉時，則「因」或有「條件」的意思，但這
種「相因」只是在事物的「獨化」情況下才有意義。如果「相因」
不是順事物之自性而作，那是違背自然之道的。

　　郭象對事物的存在需不需要一定的條件，從他整個體系看是持
否定態度的。他的「獨化」學說排斥了事物存在需要一定的條件性，
但他也不是對事物的條件作簡單的否定。郭象認為，如果說事物的
存在是有條件的，那你可以去分析其存在的條件，而其存在的條件
本身的存在也還是有條件的，這樣分析下去所能得到的結果是事物
的存在的條件是無限的，或者說任何條件都是這一事物存在的條件。
說任何條件都是這一事物存在的條件就等於說其存在無任何條件。
當然，事物之間存在著普遍聯繫，但這不是說可以不去區分事物之
間聯繫的主次，更不可以認為任何一條件消失了就會使此一事物的
存在受到影響而也消失了。如果不對事物之間的聯繫作主次、必要
和非必要的區分，那麼事物的存在就可能成為無法理解的了。

　　郭象雖不承認事物的存在需要有一定的條件，但它卻認為任何
事物的存在對其他事物的存在都是有功用的，他說：

　　　　天下莫不相與為彼我，而彼我皆欲自為，斯東西相反也。然
　　　　彼我相與為唇齒，唇齒者未嘗相為，而唇亡齒寒。故彼之自

為，濟我之功弘矣，斯相反而不可相無也。……若乃忘其自
為之功，而思夫相為之惠，惠之愈勤，而偽薄滋甚，天下失
業，而情性瀾漫矣，故其功分無時可定。（〈秋水〉注）

夫體天地，冥變化者，雖手足異任，五藏殊官，未嘗相與而
百節同和，斯相與於無相與也；未嘗相為而表裡俱濟，斯相
為於無相為也。若乃役其心志以卹手足，運其股肱以營五藏，
則相營愈篤而外內愈困矣。（〈大宗師〉注）

郭象在論證其觀點時，常常採用從相對立的兩個觀點進行分析，然
後建立他自己的理論。這裡他是從「自為」（無相為）與「相與為」
兩個方面來論證其思想。從「自為」方面說，此一事物和彼一事物
是相對的，但相對的兩事物看起來又是有聯繫的（如唇齒）。照郭
象看，相互聯繫的兩事物中也不是彼事物為此事物而存在，或此事
物為彼事物而存在，並不互相作為存在的條件，但是如果此一事物
不存在，另一方也將受到威脅或影響。所以事物能「自為」或「無
相為」，對其他事物的功用是最大的。如果從「自為」或「無相為」
方面看，一事物對其他事物無所謂功用；而從存在著的事物必然存
在著方面看，任何事物對其他事物都有功用。如果事物失掉了自己
為自己而存在，去追求為別的事物而存在，那麼就會失去「自性」，
而且會把一切都搞亂，反而弄不清其功用之所在。郭象為堅持其「獨
化」理論，只承認「自為」的意義，而不承認「相與為」的意義，
並認為只有在「無相為」中才可以實現「相與為」，為此他提出「相
因之功，莫若獨化之至」這一重要命題，這正是郭象「獨化崇有」
哲學體系所要求的。在這個問題上，郭象哲學在反對「目的論」和
「外因論」方面無疑是有特殊貢獻的，但是他在否認任何外在條件

對事物存在的作用方面則陷入難以自圓其說的困境。

㈢「無待」與「有待」,「無為」與「有為」

　　關於「無為」和「有為」,「無待」和「有待」的問題,在前面第七章〈郭象的哲學體系(上)〉已有所討論,這裡不再把它作詳細的討論,只是簡略地說明它與相對主義的某些關係。

　　「無待」和「有待」的問題和上面討論的「獨化」與「相因」的關係有著一定的聯繫。而這個問題本是莊子提出的,它和其相對主義有著密切的關係。事物有相對性和對事物相對性的認識是兩個不同而又相互聯繫的問題,莊子認識到事物有相對性,但他企圖否定事物相對性的意義,從而使其哲學帶相當明顯的相對主義色彩,儘管如此,莊子的這一思想從哲學上說仍然有著重要的理論思維意義。郭象的《莊子注》在繼承莊子關於事物相對性和相對主義的思想,且有若干重要發揮。順著莊子的思路,我們可以看到郭象在這個問題上的一些看法:

　　⑴從一個方面說,事物之間是有差別的,但差別只是相對的,因此事物的差別性是沒有意義的。

　　⑵每一事物可以肯定的方面不一樣,但都有其可以肯定的方面,例如事物都各自以其美的方面為美,那麼萬物都一樣的美。

　　⑶如果從「有待」方面看,任何事物其生生化化看起來都是「有待」的。大鵬和小鳥相比,大鵬飛行要有大翼,要有很大的空間,小鳥無大翼,飛不遠,都受到一定條件的限制,從這方面看,大鵬小鳥都是「有待」的,因此都是一樣的。

　　郭象認為,上面這些看法是就事物的相對性而言,如果從另一角度看,事物的區別不僅是絕對的,而且任何事物從本質上說都是

可以絕對獨立自足的存在著和活動著。

如果說莊周的相對主義是建立在從一個超出事物的相對性的觀點來「齊萬物」、「齊是非」等等，即所謂「以道觀之，物無貴賤」，那麼郭象的相對主義則是從事物的「自足其性」方面來「齊萬物」、「齊是非」的。郭象認為，每個事物都各有各的「自性」，而「自性」又是有其極限的，「物各有性，性各有極」，所以區別是絕對的。事物雖有大小、美醜、智愚、長短等等區別，這些相對性的差別是絕對的，是由其「自性」決定的，所以是不能改變的，「小大之辯，各有階級，不可相跂」（〈秋水〉注）。因此，絕不能認為大的、聰明的為有餘，小的、愚蠢的為不足，「儒墨之辨，吾所不能同也。至於各冥其分，吾所不能異也」，「雖所美不同，而同有所美。各美其所美，則萬物一美也。各是其所是，則天下一是也」（〈齊物論〉注）。

郭象對相對（事物的相對性）和絕對（事物的絕對性）的看法，應該說有一定深刻的哲學意義。他認識到，從一方面說事物是有差別的，但從另一方面看事物又是無差別的，認識到差別性和無差別性的同一，這在中國哲學史上是有意義的。本來事物的差別是客觀存在的，但事物都是存在著的，就其都是存在著的而又是「自足其性」的方面說又是無差別的。對事物的看法也是一樣，從此一方面看事物是有差別的，而從彼一方面看它們又是無差別的。這裡的問題是，郭象從事物的相對性方面否定事物的差別性，又從事物存在的無差別性方面論證每一事物存在的絕對性，於是在郭象的哲學體系中每一相對存在的事物都成了絕對存在的，從而取消了相對和絕對的差別。

特別值得我們注意的是，郭象在討論「無為」和「有為」問題

時，採用了有相當思辨性的方法，或者說採用了他「辯名析理」的辦法，使之相對應的概念達到同一，並消除其間的差別性。

「無為」和「有為」本是一對相對應的概念，它們的涵義不同，而且在老子和莊子的哲學體系中的意義也不相同。郭象也說「無為」和「有為」是兩個不同涵義的概念，但在他的體系中經過對這兩個概念的涵義作了新的說明，而成為並非對立的，而是相合的。

首先，郭象對通常的「有為」做了否定，如他說：「患難生於有為，有為亦生於患難，故平易恬淡交相成也。」（〈刻意〉注）蓋郭象認為，此一事物對彼一事物之存在與活動是無能為力的，彼一事物對此一事物也是無能為力的，因此它們之間只能是「平易恬淡」（無為）才可以互相成就，如果此一事物要對彼一事物有所作為，那就必然會產生災難，故〈齊物論〉注中也說：「此五者（按：指『道昭』、『言辯』、『仁常』、『廉清』、『勇忮』），皆人為傷當者也。不能止乎本性，而求外無已。夫外不可求而求之，譬猶以圓學方……。」這裡郭象認為，那些「不能止乎本性」的所作所為，都是傷害當者的「有為」。

第二、那麼「止乎本性」的「為」，即適「當」的「為」是不是可以的，而不會產生災難呢？郭象認為，「止於本性」的「為」（或適於本性的為）叫作「自為」，「用其自用，為其自為，恣其性內，而無纖芥於分外，此無為之至易也」（〈人間世〉注）。如果能「為其自為」，根據其「性分」所允許的「為」，絲毫不能超越「性分所允許的範圍」，這種「自為」就是「無為」。

第三、因此，規定一種特殊的「為」叫作「自為」，「凡自為者，皆無事之業也」（〈達生〉注），「率性而動，謂之無為也」（〈天道〉注），這就是說，「自為」是一種「無為」，「無為」是一種「率性而

動」的「為」。　所以「無為」並不是什麼都不做，它本身也就成了一種特殊的「為」，故〈大宗師〉注中說：「所謂無為之業，非拱默而已；所謂塵垢之外，非伏於山林也。」從統治者說，只要他是「無心而任乎自化」，這就是他的「無為」，也是「自為」，「無心」可「戴黃屋，佩玉璽」，「終日揮形，神氣無變」；「任物之自為」即「無為」，〈天道〉注中說：「夫無為也，則群才萬品，各任其事，而自當其則矣。」　從這裡我們可以看出，郭象把一種特定的「有為」這個概念的涵義規定為「止乎本性」的「自為」，而這種「率性而動」的「自為」又是一種「無為」，因而「無為」就成為一種特定的「為」，這就是說「自為」既是「無為」又是「有為」，於是「無為」和「有為」就可以統一起來，它們的相對意義可以消除，而「差別性」可以通向「無差別性」。

　　就郭象對「無為」和「有為」關係的分析，我們可以看出他應用「辯名析理」有著方法論上的自覺，這不僅說明魏晉玄學是一種不同於兩漢哲學的特殊性的哲學，而且在論證方法上也和兩漢哲學大不相同，帶有更多的思辨性，而為中國哲學的發展有著重要的貢獻。但是無論是莊周還是郭象，在揭示事物的相對性和認識事物相對性的意義上無疑是對哲學問題討論的深化，然而從認識事物的相對意義而導致在某些情況下否定事物的差別性的相對主義，則是應注意到的。

㈣「順性」與「安命」

　　郭象哲學的反目的論在中國哲學史上可以說有其重要的貢獻，一般說他既從偶然性方面來反對目的論，又從命定論方面來反對目的論，這就使其哲學更具有特殊性。

漢朝自董仲舒以來，天人感應目的論思想大為流行，甚至像王
充這位用偶然論反對天人感應目的論的哲學家，命定論的思想仍然
對他有著很大影響。郭象的哲學從總體上看，他以「崇有」、「獨
化」、「無故」、「無因」等等思想，主張性命自然，反對各種各樣的
目的論。他認為，事物的生生化化既不是由外部力量有目的決定的，
也不是由自己內在主觀要求所決定的，如他說：

> 凡得之者，外不資於道，內不由於己，掘然自得而獨化也。
> （〈大宗師〉注）

此事物之所以得成為此事物，既不是由「道」所成，「此皆不得不
然而自然，非道能使之然也」（〈知北遊〉注）；也不是由自己刻意
追求而得的，「命之所有者，非為也，皆自然耳」（〈天運〉注），「命
非己制，故無所用其心也」（〈秋水〉注）。郭象的「崇有」反對有
一外在於事物的造物主，也反對有一超越事物之上作為事物存在根
據的「道」，為此自然也要反對王弼的「以無為本」的思想，如他
說：「上不資於無，下不待於知，突然而自得此生。」（〈庚桑楚〉注）
關於這個問題，我們在前面幾章都有所討論。而關於「命」的問題
則討論比較少。在郭象哲學體系裡，「命」有「不得不然」的意思，
〈人間世〉注說：「知不可奈何者，命也。」因此，「命」不是由自
己主觀意向所決定，故不要刻意去追它，它是自然而然如此的。人
對於「命」只能「順」，不能「違」，故曰：「夫安命者，無往而非
逍遙矣。」就這方面看，郭象是用「命定論」反對「目的論」，或者
說是由某種必然性來反對目的論。不過，用「必然性」反對「目的
論」，是可能與「目的論」劃不清界線的。對此郭象如何解釋呢？這

就需要分析郭象對「性」（自性）和「命」的關係的看法了。照郭象看，任何事物的存在都是以「自性」為根據，任何事物的活動都只能在其「自性」所允許的範圍之內，所以事物「各以得性為全，自盡為極也」（〈逍遙遊〉注）。就這點看，「命」無非是事物據其「自性」所表現的必然性。「安命」就是「順性」。然而為什麼此事物有此種之「自性」，彼事物有彼種之「自性」，則純屬偶然，「欻然自生非有本」（〈庚桑楚〉注）。「欻然」是說忽然發生的意思，事物都是忽然自生的，沒有什麼比它更根本的東西使它如此生成的，故謂「獨生而無所資借，死生出入，皆欻然自爾」（〈庚桑楚〉注）。就這方面看，「安命」也是說不出什麼道理的，是「欻然自爾」的，因此事物的必然如此，但不是有目的的如此；無目的的如此，則其如此純屬偶然的了。郭象把「必然」與「偶然」都稱作「自然」，這正是他的一大發明。

　　郭象在反對目的論方面，其思想是相當深刻的，如他說：

　　　天不為覆，故能常覆；地不為載，故能常載。使天地而為覆載，則有時而息矣。（〈德充符〉注）

天地的覆載不是有目的的，如果它們是有目的的覆載，那麼就可以有不覆載的時候，這是不可能的。有目的的覆載就必有有目的的不覆載，只有無所謂覆載或不覆載，天地才可以常覆載。世界上的事事物物都是自然而然的存在著、活動著，並不是哪一個主使者使它這樣或那樣存在著、活動著，郭象說：

　　　夫無故而自合者，天屬也。合不由故，則故不足以離之也。

> 然則有故而合，必有故而離也。（〈山木〉注）

「天屬」是說「屬於天的」，即「任自然」也。「合」者，指「合於
自然」；「自合」者，是說自然而然合於其自然之性（自性）。事物
都是沒有目的的合於自然，這是屬於天的，不是「人為」的。「合
於自然」不是有目的去追求什麼，如果有目的去追求什麼，那麼也
可以有目的的離開「自然之性」，這當然是不可能的。自然界的事
事物物為什麼這樣存在，為什麼這樣活動，我們可以說它們不是造
物主或者人的主觀意志所決定的，它們是自然而然如此的。但是，
從人類社會生活方面看，人們的活動並非都是沒有目的的，人們不
僅可以認識世界，而且也可以有目的的改造世界，這就是說人對其
社會生活是可以有主觀能動性的。郭象在反對造物主和目的論中，
把人的主觀能動性都否定了，這無疑是片面的。他認為，事物都應
按照其「自性」的要求生生化化，要「順性」、「安命」，不要企圖
改變自己的地位，貴為王侯的要安於其富貴，賤為皂隸的也應安於
其貧賤，「豈有能中易其性者」（〈齊物論〉注）。不過，從另一角度
看，他似乎又認為人們可以有無限的能動性，人們可以「獨化於玄
冥之境」，可以「逍遙遊放於自得之場」。然而郭象的這種「無限的
能動性」，如「逍遙放達」只能在自己「性分」所允許的範圍之內
實現，因此他所謂的「能動性」是一種虛假的能動性。這種只能在
「性分」之內實現「能動性」的觀點正是魏晉門閥等級制在觀念形
態上的反映。

第十一章 郭象與王弼

　　魏晉玄學從王弼的「貴無」發展到郭象的「崇有」無疑是有其內在必然性的，這個問題在本書第九章〈郭象哲學中的理論問題〉和附錄〈論魏晉玄學到唐初重玄學〉有所論及，這裡不多討論。這裡只想就他們哲學思想的不同來說明各自的特點，並兼論中國傳統哲學的某些特點。王弼和郭象哲學思想的不同，可以用下列對比來表示：

1. 王弼　　以無為本　　從無生有　　「道」即「無」（本體）

　　郭象　　造物無物　　有各自生　　「道」為「非有」（不存在）

2. 王弼　　反本　　不居成　　反一本

　　郭象　　安命　　順性　　各反其極

3. 王弼　　抱一（存體）　　用反於體　　用不離體（著眼於體）

　　郭象　　獨化（即用）　　即用是體　　用外無體（著眼於用）

4. 王弼　　統一於無（體用如一）　　求宇宙的統一

　　郭象　　統一於有（體用如一）　　求自身的統一

　　上面這個表雖然分為四欄，但它們是相互聯繫的。從王弼說，他的哲學基本命題是「以無為本」，則「有」從「無」生。「有」從「無」生，則「無」即是「道」，是「有」之本體。「無」為「有」之本體，則本體之種種表現（萬有）必反於本體而存在。「反本」

則可不執一偏而「居成」，「不居成」則可「反一本」。「本體」是全
體、是統一的，「反本」則與「自然為一」，故曰「抱一」。「抱一」
則存體，而「用」反於「體」。「用反於體」則用不離體，即是著眼
於體，而明無單獨的「用」。「用不離體」則「萬有」統一於本體之
無，從而知「體用如一」。王弼的「體用如一」，是為求宇宙的統一。
聖人體無，無莫無適，「則天成化，道同自然」，故能與「道」同體。
聖人與道同體是王弼理想中的最高境界。王弼所說的這種聖人的最
高境界是即世間而出世間的，因為他要求聖人不離世間而達到與超
時空的絕對本體同一。從郭象說，他的哲學的基本命題是「造物無
物」，則「有」各「自生」。「有各自生」，則不需要一統一的存在為
根據，不需要造物主，故「道」是「非有」，即不存在。「有各自
生」，則萬有可各自安於各自應處的地位，這就是「安命」。「安命」
並非由外力所強加，它即是順乎其自身的本性。所謂「順性」，則
要求每個事物都根據其自性最大限度地發揮其作用，而又獨立自足
地生生化化，這叫「獨化」。萬物獨化，不需要任何支配者、主使
者、創造者，不需要另外有一存在的根據，它自身就是其存在的根
據，故說「用外無體」，「即用是體」。郭象的「用外無體」，是著眼
於「用」，而無單獨的「體」，因而他的哲學是統一於「有」，從這
個方面達到「體用如一」。郭象的「體用如一」要求「萬有」自身
的統一。達到這種自身統一的「聖人」，則能「獨化於玄冥之境」。
「獨化於玄冥之境」並非要求在現實之外來實現，只是要求充分地
獨立自足地生生化化於現實社會之中。所以郭象要求的最高境界是
出世間而即世間，在現實中完滿地實現其自身的同一。王弼和郭象
的哲學雖不相同，卻並不相反，而是殊途同歸，都要求達到「體用
如一」的境界，這點是必須注意到的。從他們的哲學思想的比較中，

我們是不是也可以看到中國傳統哲學的某些特點？下面我們將就這個問題作些討論。

⑴「本末有無」是魏晉玄學討論的中心問題，圍繞這個問題魏晉玄學分為「貴無」和「崇有」兩大派別。這兩大派別雖有區別，在某些哲學家身上甚至表現為唯物主義與唯心主義的鬥爭，但是就王弼和郭象說，一是「貴無」派，一是「崇有」派，而並不表現為唯物主義和唯心主義的對立。因此，我們是否可以說在中國傳統哲學中，唯物主義和唯心主義的區別往往並不表現在形式上（如一主張「貴無」，一主張「崇有」），相反唯物主義和唯心主義的矛盾有時則表現在形式上。從先秦說，儒家（除荀子外）和道家（除《管子》中某些篇外）的矛盾，並不是唯物主義和唯心主義的矛盾，常常是唯心主義之間的矛盾。儒家重視「天」，道家抬出「道」，但無論是儒家還是道家都承認現實世界由一超現實的力量所支配。到宋明，無論是理學，還是心學，他們之間的互相詰難，也還是唯心主義內部的不同派別。所以我們不能簡單地把「貴無」和「崇有」的矛盾就看成是唯物主義和唯心主義的不同。恰恰相反，「貴無」和「崇有」的矛盾表現在王弼和郭象身上仍然是唯心主義不同派別。然而為什麼又有區別呢？這點或許正是中國傳統哲學的一個特點。在中國長期封建社會中，幾乎所有哲學家都在論證封建制度和封建道德規範的合理性。「貴無」派的王弼把「無」作為「萬有」（包括封建禮教）存在的根據，是為封建社會的存在找合理性的根據；「崇有」派的郭象只承認「有」是唯一的存在，因而說現存的一切都是合理的。王弼為「萬有」找一存在的根據「無」，而這本體之「無」不過是沒有任何規定性的抽象的概念或者說是無任何內容的抽象的形式，這樣就便於它作成任何有規定性的具體事物。郭象否定「萬

有」要有一存在的根據，認為「萬有」的存在均為其「自性」所規定，然而所有事物的「自性」實際上都是由郭象根據當時統治階級的願望所規定的。因而所謂「萬物獨化」，雖有獨立自足生生化化的形式，而實際上都是被某一主觀上構造的模式所規定了的。從這裡看，無論王弼還是郭象都不是如實地反映世界，不過是從不同的方面來虛構世界的存在。

(2)如果說在先秦哲學中還沒有用「體」、「用」這對範疇來說明世界的存在，那麼自魏晉以後「體」、「用」這對範疇就成為中國傳統哲學用以說明世界的存在狀態的一對基本範疇。不僅魏晉玄學中廣泛地使用了「體」、「用」這對範疇，而且南北朝以後的佛教、道教和宋明理學都廣泛地使用了這對範疇。從中國傳統哲學看，幾乎凡是比較有理論思維意義的哲學體系都主張「體用如一」。所謂「體」原意為「根據」（或「根本」），或者說有「本體(Substance)」的意思；「用」則是「功用」的意思。本體是事物存在的根據，而功用是本體的種種功用的表現。提出「體」、「用」這對範疇，就表明人們不僅在探求宇宙是怎樣的存在，而且在探求宇宙為何如此存在的問題。「體用如一」這個命題正是要求通過天地萬物紛紜複雜的種種表現探求其統一性的根據。

王弼的哲學是從「用」必有「體」這方面進行論證的，他說：「雖貴以無為用，不能捨無以為體也。」「以無為用」的是「有」，而天下萬物為什麼表現為各種各樣的功用呢？這正是因為有「無」作為它的本體。「以無為體」，而「無」又不能由無來表現，「無不可以無明，必因於有」。從「有」這方面說，不能不「以無為本」；從「無」這方面說，不能不「因於有」，故必「體用如一」。「體用如一」並非是說「體」和「用」沒有分別，而是說「用」不離「體」，

故王弼主張「崇有舉末」。但無論如何，在王弼看，「無」是天地萬物（有）存在的根據，所以他雖主張抱一存體，但是有時又說「道生萬物」，從而導致主張「崇木息末」，這樣他實際上又承認「無」是獨立於天地萬物（有）之外的實在。這樣在王弼哲學中就不能不包含著某種不能自圓其說的矛盾。

郭象雖也講「體用如一」，但他和王弼不同，他把「用」本身就看成是「體」。郭象認為，天地萬物之所以存在，其根據就在於其自身，在於其各自的「自性」。天地萬物有著各種各樣的功用和表現，這種種的功用和表現就是其本性，就是「體」，因此「用外無體」。「用外無體」則「即用是體」，所以他主張自足其性的「獨化」。從郭象的這種學說看頗有點現象主義的味道，近代德國哲學家胡塞爾(Husserl)認為「存在」就是「個體的存在」(individual being)。郭象大體也是如此，他認為每個單獨的具體的事物即是獨立自足的絕對的「存在」，因而他實際上把「個體」的存在抽象化為神祕的不可認識的自在之物了。

(3)中國傳統哲學還有一顯著的特點，它往往表現為追求宇宙的統一性或天地萬物自身的統一性。從先秦哲學開始，就有一些哲學家在探討「天（道）」和「人（道）」的關係問題，以後有所謂「天人之際」的探討，又有所謂「天人合一」的學說。到魏晉，玄學本來就想解決「天道」（自然）和「人事」（名教）的關係及其「統一性」的問題。王弼講「反本」、「抱一」，是說要求反回到「道」，反回到本體之「無」而與「道」同體，即要求一切事物統一於「無」（本體）。而「無」是全體，是絕對的，是「唯一」（一）的；「有」是部分，是相對的，是眾多（多）的。事物的統一不能由部分、相對的、眾多的來統一，必須由全體、絕對的、唯一的來統一，所以王

弼的哲學要求宇宙的統一，要求紛紜複雜的萬有統一於絕對的、超時空的本體之「無」。 郭象和王弼不一樣，他的哲學雖也有「體用如一」，但由於「即用是體」，根本否認在「有」之上（之外）還另有一其存在的根據。天地萬物本來就是一個一個的獨立自足的存在，它們之間沒有任何必然聯繫，因此在郭象哲學中也就沒有宇宙統一性的問題。至於事物的統一性問題，由於郭象主張「用外無體」、「即用是體」， 那麼就只有各個事物自身的統一性。事物的統一性，僅僅表現它自身內在的統一性，而不表現為宇宙的統一性。郭象否認宇宙的統一性當然是錯誤的，宇宙的統一性固然不在於絕對的超時空的本體之「無」， 但是宇宙畢竟有其統一性，而這正是中外許多哲學家在討論的問題。郭象之所以要否定宇宙的統一性，正在於他把「有」抽象化、神祕化。他之所以只承認各個事物自身的統一性，不僅是為了排除宇宙的統一性，從而否認本體之「無」， 而且也是為了論證其「獨化」學說。事物如是獨立自足的生生化化，就必須是自身統一的，而不受外面的任何影響。

(4)「境界」這種學說，雖不能說是中國傳統哲學所特有的，但它卻是中國傳統哲學中特別注重的問題。在先秦，無論是儒家還是道家，他們對以後的中國哲學影響最大，但都把達到某種「境界」作為其最高的理想。孔子說他「七十而從心所欲不逾矩」， 這當然是一種理想的境界。《中庸》講「誠」， 說：「誠者，天之道也；誠之者，人之道也。誠者，不勉而中，不思而得，從容中道，聖人也。」所謂「不勉而中，不思而得，從容中道」，自然也是一種精神境界。孟子講「吾善養吾浩然之氣」，「上下與天地同流」， 這更是一種精神境界了。老子所追求的「致虛極，守靜篤」，「和其光，同其塵」，這是他要求的一種超然境界。莊子嚮往「乘天地之正，御六氣之

辯」,「遊於無何有之鄉」, 莊子本人並不認為這種狀況真正存在,但是他的精神要求達到這種境界。「境界說」在中國傳統哲學中十分流行,至少是由下面兩個方面的原因所造成,一是在長期的封建社會裡,人們受著極端的專制主義的統治,沒有自由,不僅被統治階級是這樣,就是統治階級的大多數在等級森嚴的制度下也沒有多少自由。既然實際生活中沒有多少自由可言,那麼只好向精神世界去追求所謂自由了,於是產生「境界說」。 這點在中國古代哲學家身上表現最明顯的要推莊周的〈逍遙遊〉; 在中國古代文學家身上表現最明顯的要推屈原的〈離騷〉和〈遠遊〉。 二是中國古代許多哲人大都有「濟世之志」, 但他們的熱情抱負往往受到冷遇,因為現實社會(特別是那些當權的統治者)並不需要他們的那種獻身精神。從孔子起,他就被人視為「知其不可而為之者」的「迂闊」者,在他們對現實社會失望的情況下,總得找一精神寄託; 這些哲人(包括文人)又有「不為五斗米折腰」的一面,悲忿之餘,只得在精神上求得安慰,於是追求精神境界的哲理也就出現了。當然,如果從另一個角度看,由於中國哲學往往是以「內在超越」為特徵的,故那些偉大的哲學家大都以追求「超凡入聖」為目標,通過自我的身心修養而達到一種理想的人生境界。因此, 「境界說」無疑是中國哲學研究的重要課題。

魏晉是社會大動盪的時代,隨之帶來了思想上的大解放。社會生活中的種種矛盾,門閥世族的等級統治,黑暗腐化的社會現實,使當時的玄學家們更加著力去追求一種精神境界。在當時表現得最突出的有嵇康、阮籍、陶淵明等等。嵇康作〈遊仙詩〉以述其「乘雲駕六龍」的超世之想。阮籍作〈大人先生傳〉, 認為在現實生活中人是不自由的、無能為力的,但從精神上則可以「直馳騖乎太初

之中，而休息乎無為之宮」。　陶淵明所追求的也是「北窗下臥，遇涼風暫至」，而「自謂是羲皇上人」。在中國這種社會中，如果沒有一點超然物外而求得精神上的安慰的辦法，是很難生活下去的。正因為這樣，我國歷史上的一些哲人文士才能創造出深刻的哲理和優美的詩篇。有時，他們的詩文是消極的，但在一定條件下也往往給人們一種精神上的安慰和寄託。

　　王弼和郭象不論他們在現實生活中如何，但他們作為一個哲學家說都在追求一種精神境界，或者說他們的哲學思想中認為「聖人」應該有怎樣的一種精神境界。王弼認為，聖人和一般人有共同的方面，即「同於人者五情也」，　而更重要的是聖人和一般人有不同的地方，「聖人茂於人者神明也」，「神明茂，故能體沖和以通無」，這就是說聖人和一般人不同的地方在於他可以達到與宇宙本體相通的地步。聖人體沖和以通無，可在現實中通於超現實。聖人之所以能如此，並不是說聖人真的超出現實，只是說他在精神上可以達到這種境界，這實際上是一種人生態度，所以王弼說：聖人「則天成化，道同自然。不私其子而君其臣，凶者自罰，善者自功，功成而不立其譽，罰加而不任其刑，百姓日用而不知其所以然」(《論語釋疑》)。聖人是「道同自然」，並非「自然」(本體)本身，「同自然」即「同無」，「道同自然」仍是一種精神境界。這種「同自然」的精神境界是以「反本」、「抱一」而達到的。郭象認為，「神人即今所謂聖人也」，聖人可以遊外以弘內，無心而順有，獨化於玄冥之境。所謂「遊外以弘內」，　即是說超現實的本在現實之中；所謂「無心而順有」，即是說要實現「遊外以弘內」，必須以「無心而順有」為條件。「無心而順有」也只是一種生活態度，精神所要求的境界。聖人正是能以超現實的態度對待一切現實的問題。超現實本來是不

可能的，但用這樣一種態度對待現實問題又是可能的。「獨化於玄冥之境」，就是要求用超現實的態度對待現實中的一切問題，或者說要求在現實社會中實現其自身的獨立自足的生生化化。所以在郭象看來，超現實的可以而且只能實現在現實之中。王弼和郭象在「境界」問題的看法雖不相同，但他們都極力解決現實的和超現實的矛盾。王弼要把現實的提高成為「超現實的」，因此在他的體系中需要有一個絕對的超時空的本體之「無」；郭象則是要把超現實的拉回到現實之中，因此在他的體系中就要取消這個本體之「無」。無論王弼還是郭象，他們極力追求的都是一種主觀上的精神境界，當然這種主觀上的精神境界正是他們這個統治集團在不同歷史條件下的不同要求所決定的。儘管這樣，不論是王弼還是郭象作為哲學家來說，企圖通過提高境界解決現實和超現實的矛盾所做的嘗試，深刻地影響著中國哲學的許多方面，這點是我們應該注意到的。

第十二章　郭象與張湛

　　魏晉人注書，其宗旨大意往往在「序」和「篇目注」中表現得最清楚。「序」為述全書大意，故如欲瞭解全書思想宗旨，必細讀其「序」；「篇目注」為述全篇之大意，列舉大綱，而發揮其思想，故研究郭象《莊子注》和張湛《列子注》的思想之不同，似可從此入手。

　　郭象注《莊子》的根本思想，就是他在「序」裡明確地提出的兩個基本命題：一是「上知造物無物，下知有物之自造」；二是「明內聖外王之道」。張湛注《列子》的根本思想也表現為「序」裡的兩個基本命題：一是「群有以至虛為宗」，二是「萬品以終滅為驗」。郭象認為「上知造物無物，下知有物之自造」，即否認在萬物背後有一生化萬物之本，而萬物是自生自化的；張湛則認為「群有以至虛為宗」，「群有」的生生化化是以不生不化的「至虛」（至無）為其存在、變化的宗主，實際上認為在萬物背後有一超現實的造物主。郭象哲學要解決的現實問題是如何調和「自然」和「名教」以鞏固門閥世族的統治，這就是他所謂「內聖外王之道」的問題；張湛哲學則是要解決個人生死、以求解脫的問題，即所謂「萬品以終滅為驗」，「神惠以凝寂常全」，這種企圖超生死的人生觀正是適應東晉當權的門閥世族的需要。

　　郭象《莊子注》內七篇的「篇目注」可以說是他的上述兩個觀點的展開，是他思想體系的大綱（郭象《莊子注》的「外篇」和「雜篇」無「篇目注」）：「逍遙」在於任性當分；「齊物」在於自足其性；「養生」在於安命適性；不離「人間」而無累於物在無心而不自用；內外玄同者在於「德充」於內而應物於外；為天地萬物之「宗師」者在於無心而順有；「應為帝王」者在於無心而順乎自然。前三篇的「篇目注」重點在說明「上知造物無物，下知有物之自造」。事物的大小、美醜等等雖有不同，只要「各當其分」，同樣都能「逍遙」；事物雖有差異，但從「自足其性」來看，則同樣都是一樣；能否「各當其分」、「自足其性」，則在於能否「存養得當」；「存養得當」，是為「理之極」，而「獨化於玄冥之境」。這裡，郭象是想說明一個問題，即「物各有性，性各有極」，每個事物各有各的「自性」，雖然都有一定的極限，但從根本上說，每個事物又都是獨立自足的存在，因此在「有」之上沒有一個作為「有」存在根據的本體之「無」。後四篇的「篇目注」，其重點很明顯是圍繞著「內聖外王之道」而展開，魏晉玄學在它發展中所遇到的最大的問題就是「名教」和「自然」的矛盾；但為了鞏固門閥世族的統治又不能不解決這個矛盾。如何才能做到不廢「名教」又德合「自然」呢？這就必須在「名教」和「自然」之間找到兩者溝通的橋梁。「不離人間而無累於世」，「德充於內而應物於外」，「為天地萬物之宗師」，「應為帝王」等，只要是「無心而順有」就可以了。「無心」則可德合「自然」，「順有」則可不廢「名教」。郭象認為，理想的社會並不需要在超現實的世界中去尋求，可以而且可能在現實社會中獲得。最高人格的聖人是能做到「無心而順有」的，並不要離開「人間世」，可以是「戴黃屋，佩玉璽」的帝王，同時又是天地萬物的宗師，這就

是郭象發明的「內聖外王之道」。

　　這個「內聖外王之道」的理論根據又在「上知造物無物，下知有物之自造」。郭象哲學的要點在於反對割裂「名教」和「自然」為二，要求把超現實的世界（所謂「玄冥之境」等）拉回到現實世界之中。他認為，只要是「無心而順有」，就可以不離人間而德合「自然」，也就是說現實社會即是唯一真實存在的社會，因而「神人」即今所謂「聖人」，而「聖人」和「帝王」又可以合而為一。要調和「名教」和「自然」，從理論上取消超現實世界，正是郭象哲學的特點。取消超現實世界，就不可能承認在「萬有」背後還存在什麼作為它的本體之「無」。

　　《列子注》一書是否為張湛所作尚無定論，但由他編定和加工則毫無疑問。這本書雖不免有矛盾之處，但張湛的注則認為該書八篇的思想是一貫的。據他的「篇目注」並參照各篇中注的內容，則可知：第一篇〈天瑞〉說「存亡變化，自然之符」，「群有」有生有化，而「本無」不生不化。第二篇〈黃帝〉說順生死，順性命之道者，應理處順，則所適常通；「任情背道，則遇物斯滯」。第三篇〈周穆王〉說無變化，「生滅之理均，覺夢之途一」，「神之所交謂之夢，形之所接謂之覺。原其極也，同歸虛偽」。第四篇〈仲尼〉、第五篇〈湯問〉說玄照，超生死須藉智慧，「智之所限知，莫若所不知」，而「真智」為「無智」，無智之智則寂然玄照，無所根滯。第六篇〈力命〉說知命，「命者必然之期，素定之分」；「死生之分，修短之期，咸定於無為，天理之所制」。第七篇〈楊朱〉說達生，「生者，一氣之暫聚」，「暫聚者終散」而歸虛，故當縱情肆性，而不求餘名於後世，此達乎生生之極者。第八篇〈說符〉說變通，「事故無方」，聖人「依伏變通」，心乘於理，檢情攝念，泊然凝定，豈萬物之所

能亂者乎！從這八篇「篇目注」所包含的思想看，張湛是圍繞著生死問題來注《列子》的。所以在〈楊朱〉於「太古之人知生之暫來，知死之暫往」一段注說：「此書大旨，自以為存亡往復，形氣轉續，生死變化，未始絕滅也。」 要超生死、得解脫，就不能從有存亡變化的「群有」自身方面去解決，而必須從不生不滅的至虛之「無」方面去看待。因而，為了解決生死、解脫等問題，就得承認超自然的「無」是「群有」的生化之本，而「群有」之生生化化又是一氣之聚散，至虛之「無」乃無存亡變化。所以〈列子序〉所講的兩個根本問題之間的相互聯繫，又可以從八篇的「篇目注」得到證實。

郭象的《莊子注》沒有簡單地講「超現實世界」（如「六合之外」、「無何有之鄉」、「玄冥之境」等）就是「現實世界」，但是他卻論證所謂「超現實世界」可以而且必須在現實世界中尋得，或者說超世的境界只能在現實生活中實現。他認為，「六合之外」不是「性分之內」的事，所以聖人根本不去討論它；如果去討論這樣的問題，那就是引導人們追求得不到的東西。聖人是不管所謂「六合之外」的事，只是要求在「八畛之內」而「自得」。 至於「玄冥之境」， 那是否存在就更成問題了，他說：「玄冥者，所以名無而非無。」（〈大宗師〉注）如果能給這個不存在的超現實世界以「名稱」，即非「無名」， 那就不是超現實世界的了！對於事物存在的根據可以一級一級往上推，如果都可以給以「名稱」，那麼就不能得出「無」（超現實世界）的結論。郭象更進一步提出所謂「絕垠之外」實際上就在現實之中，或者說「絕垠之外」就是現實世界本身，他說：「所謂無為之業，非拱默而已。所謂塵垢之外，非伏於山林也。」（〈大宗師〉注）因此聖人的態度應該是「身在廟堂之上」，「心無異於山林之中」；可以「戴黃屋，佩玉璽」，「歷山川，同民事」，而

不纓紱其心，不憔悴其形。相反那些自以為是「超塵絕俗」的人，才真正是俗人，所以郭象說：「然未知至遠之所順者更近，而至高之所會者反下也。若乃厲然以獨高為至，而不夷乎俗者，斯山谷之士，非無待者也，奚足以語至極而遊無窮哉！」(〈逍遙遊〉注)因此，所謂聖人「獨化於玄冥之境」，　不過是所要求達到的一種精神境界，即用「無心而順有」的態度對待現實中的一切，這樣在精神上就是自由的了。

　　郭象之所以提出這樣的理論，其目的在於解決「名教」和「自然」的矛盾。從理論上把超現實世界拉回到現實世界之中，這樣「名教」和「自然」的矛盾也就自然而然地解決了。調和「名教」和「自然」的矛盾，這在當時是一個現實的社會問題，郭象從理論上把兩者的界線取消，在實際上否認了超現實的世界，從一個方面說是適合當時門閥世族的需要的，以便他們既能在現實社會中實現其統治，而又是合乎逍遙放任最有效的方法。

　　張湛的哲學當然也是為門閥世族服務的，但是由於東晉時代社會矛盾出現了新的情況，因而「生死問題」始成為他們要解決的中心課題。張湛構造了一個超現實的世界「至虛」，用它作為現實世界存在的根據，並把認識「群有以至虛為宗」看成是人們解決「生死問題」、達到解脫的辦法。「至虛」這個超現實的世界是人們所追求的最後歸宿。首先，張湛認為現實世界中的事事物物的存在是暫時的、相對的，只有超現實的「至虛」才是永恆的、絕對的，因而千變萬化、生生滅滅的「群有」從根本上說都要回到「至虛」，　此名「反本」，「出無入有，散有反無」。第二、「群有」有始終、生滅、聚散，而「至虛」則無始終、生滅、聚散，他說：「生於此者或死於彼，死於彼者或生於此，而形生之生，未嘗暫無。是以聖人知生

不常存，死不永滅，一氣之變，所適萬形。萬形萬化，而不化者存。」（〈天瑞〉注）「元氣」無形無象，所適萬形，故為生化之本。所謂「元氣」者實即「至虛」（或曰「太虛」）之別名。既然具體的事物都是暫時的，而「至虛」之本體是永恆的，如果有此認識，那就可以超出生死的限制，而達到解脫，蓋「俱涉變化之途，則予生而彼死，推之至極之域，則理既無生，亦又無死也」（同上）。聖人能明白生死的來源去向，因而對生死是沒有什麼歡戚的。而一般人不明白這個道理，有所執著，有所分別，這就是「私其身」。 人們的迷惑都是由於「私其身」引起的，而一旦能不「私其身」，認識到「神惠以凝寂常全，想念以著物自喪」，則可超生死、得解脫了。第三、得到解脫的聖人是「乘理而無心」者。所謂「無心」亦即不執著什麼，因為「不執著什麼」才可以「無東西而非己」，「常與萬物遊」。這樣的「聖人」也就是「至人」， 具有各種各樣的神通，張湛說：「至於至人，心與元氣玄合，體與陰陽冥諧；方圓不當於一象，溫涼不值於一器，神定氣和，所乘皆順，則五物不能逆，寒暑不能傷。謂含德之厚，和之至也，故常無死地，豈用心去就而復全哉？踏水火，乘雲霧，履高危，入甲兵，未足怪也。」（〈黃帝〉注）這裡，張湛所描寫的「至人」真的成了所謂「神人」了。

　　張湛和郭象所要解決的問題不同，因而引出一系列的重要區別，茲就其中與所要解決的問題有關的數點分述如下：

　　⑴「遊外弘內」是郭象哲學的一個重要命題，而張湛亦嘗講之，但他們在這個問題上的出發點則不相同，一是要解決「名教」和「自然」的矛盾，一是要解決「生死問題」。郭象在〈大宗師〉注中說：「夫理有至極，外內相冥，未有極遊外之致而不冥於內者也，未有能冥於內而不遊於外者也，故聖人常遊外以弘內，無心而順有。」這

段話的中心思想很明顯，是要說明聖人可以不廢「名教」，而德合「自然」，因此「內外相冥」。張湛《列子注》中也有一段講「冥內遊外」的，他說：

> 卒然聞林類之言（按：指林類論生死問題），盛以為已造極矣，而夫子方謂未盡。夫盡者，無所不盡，亦無所盡，然後盡理都全耳。今方對無於有，去彼取此，則不得不覺內外之異。然所不盡者，亦少許處耳。若夫萬變玄一，彼我兩忘，即理自夷，而實無所遣。夫冥內遊外，同於人群者，豈有盡與不盡者乎？（〈天瑞〉注）

照張湛看，「有」和「無」不能說是一對矛盾，因為「無」是絕對的，在「絕對」之外不可能有和它相對立的「相對」。又如果把「無」看成和「有」是相對立的，那就有分別取捨，這不是「盡理都全」。蓋從絕對的觀點看（即從「無」的觀點看），「盡」與「不盡」都是一樣。如果能把握千變萬化（「群有」）的不變的本體（「無」），把一切對立取消，那麼生死也就沒有什麼分別了。聖人順性而無心，「順性」則體道窮宗，與「無」為一；「無心」則同於物，與萬物並遊。順一切物之性，任一切物之心，無為而無不為，故能超於一切分別（包括生死的分別），而得到解脫。所以張湛講「冥內遊外」和郭象講「遊外弘內」其用意不同，他講的是聖人超越一切分別的解脫之道。

⑵郭象哲學在解決社會矛盾，調和「自然」和「名教」，張湛哲學在解決個人生死問題，要求達到自我的解脫，因此他們提出問題和解決問題的角度不同。

　　郭象認為，每個事物都有其「自性」，每個事物的「自性」都有其極限，如果每個事物（當然主要是指各種各樣的人）都能盡其「自性」，天下就太平了，這就是到達了理想的社會。能讓每個事物最大限度地盡其「自性」，而又「無厝心於其間」，這是最理想的統治者，「無心而任乎自化者應為帝王」。從事物自身說，則應各安於其「自性」，「凡得真性，用其自用，雖復皂隸，猶不顧毀譽而自安其業」（〈齊物論〉注）。郭象並把這種「任性」、「自用」稱為「無為」，「夫無為也，則群方萬品各任其事，而自當其則矣」（〈天道〉注）。當奴隸的應安於做奴隸，盡奴隸的職責；當統治者的也要安於做統治者，履行其統治的職責，各安其位，均應如此，這是必然的、合理的，「夫時之所賢者為君，才不應世者為臣。若天之自高，地之自卑，首自在上，足自居下，豈有遞哉！雖無錯於當而必自當也」，「臣妾之才而不安臣妾之任，則失矣。故知君臣上下，手足內外，乃天理自然，豈真人之所為哉！」（均見〈齊物論〉注）如果「志過其當」，那就是「私」，這樣不僅破壞了「天理自然」，而且也要「傷其自性」，所以郭象對「公」和「私」的看法是：「任性自生，公也；心欲益之，私也。」（〈應帝王〉注）這種順性為公、違性為私的觀點，從根本上說正是在鼓吹「私」即是「公」。郭象認為，每個事物都是獨立自足的存在，它們之間沒有什麼必然聯繫，正是每個事物充分實現其「自性」的結果才有所謂「相因之功」，「夫相因之功，莫若獨化之至」，「若乃責此近因，而忘其自爾，宗物於外，喪主於內，而愛尚生矣」（均見〈齊物論〉注）。這就是說，「公」、「私」的標準，只是在於是否能實現其「自性」。如果「開希幸之路，以下冒上，物喪其真，人忘其本，則毀譽之間俯仰失錯」（〈齊物論〉注），這就是「私」，而「若皆私之，則志過其分，上

下相冒，而其為臣妾矣」（同上）。然而每個事物的所謂「自性」又是怎麼一回事呢？郭象說「自性」都是自己規定的，任何事物之生成為此或為彼是沒有原因的，也是沒有道理可說的，因而不必去追問這個問題。這正掩蓋了事物差異的實質，使郭象得以根據門閥世族的要求把現存社會中事事物物所處的不同地位規定為其「自性」，並把社會關係的模式圖中所謂的「任性」、「當分」，叫作「公」，這實際是最大的「私」。這樣的處理「公」、「私」關係，正是郭象提倡「內聖外王之道」所要求的。

　　張湛和郭象一樣，認為「生各有性，性各有所宜」（〈天瑞〉注）， 且每個事物的「自性」不是由外物所給予的，是其自身所固有的，「至純至真，即我之性分，非求之於外」（〈黃帝〉注）。但是，他又和郭象不同，以為每個事物的「性分」雖是其自身所固有，但聖人卻可以「陶冶」它，使之走正道而各得其所，各安其位，「聖人所以陶運群生，使各得其性，而猶役人之能將養禽獸，使不相殘害也」（同上）。所以張湛說的「性各有所宜」只是說每個事物的存在都有其適當的環境和條件，而不是說它都是獨立自足的存在。且張湛更進一步提出人和整個宇宙的關係，他認為「群有」都是「一氣之暫聚」，它們之間是相通的，所以互相之間不能沒有影響，「人與陰陽通氣，身與天地並形，吉凶往復，不得不相關通」（〈周穆王〉注）。人們如欲超生死、得解脫，就得破「小我」，與「大我」（太虛）為一體，而如「私其身」， 則不能超生死而解脫。所謂「私其身」，即謂對自身有所執著而使自己同整個宇宙分開，這樣就不能與「太虛」成為一體，不能瞭解生死的來源與去向。然而張湛並不認為「公」是「與天地合其德」，他認為：「公者對私之名，無私則公名滅矣」，「天地之德何耶？自然而已。自然而已，何所厝其公私之

名。」(〈天瑞〉注)「公」與「私」是相對的，或者說，相對的事物才有「公」、「私」之分，故無「私」則無「公」。然從絕對的觀點看，既無所謂「私」，也無所謂「公」，所以人們應從絕對的「至虛」的觀點看問題，這樣即可消除「公」、「私」的分別，也可以超乎一切的分別，包括生死的分別，而得到解脫。張湛要從根本上取消「私」和「公」的分別，也是他的思想體系所要求的。在張湛的思想體系中有一個絕對的本體——「至虛」，而這個「至虛」即無所不包的宇宙全體，所以從絕對的全體的觀點看，在超現實的世界中，一切分別都不存在了，而無分別才是永恆的存在。

　⑶郭象和張湛在生死問題上的不同看法，也表現了他們思想體系的重大差異。

　　郭象的思想體系中，他認為每個事物都是獨立自足的存在，沒有一個「生生者」，因此任何事物實際上都無所謂生滅。「生」是此物之「生」，「滅」也是此物之「滅」，「生」、「滅」對於此物都是暫時的現象，無論它是「生」還是「死」都仍是此「有」，故「更相為始，則未知孰生也」(〈知北遊〉注)。物的生死並非其始終，「死生者無窮之變耳，非始終也」(〈秋水〉注)。任何事物都是獨立自足的存在，既為獨立自足存在，故謂「永存」。所謂「永存」，並非「永生」，而萬物「一受成形」，則「化盡無期」，即永遠存在於變化之中，生死也是一種變化，一物的「生」即是此物的「生」，一物的「死」，也是此物的「死」，它「生」既不為他物所「生」，它「死」也不會變成為另一物，所以「生」和「死」對此物而言僅僅是其存在的不同表現。「生」是此物作為一「生物」而存在，「死」是此物作為一「死物」而存在，它只是存在形式的變化，並不影響每個事物的自身。因此，說「生」，說「死」，對一個事物的存在本

身並無不同，而只是一種看法而已，因為對於「生」說「死」是「死」，但對於「死」說「死」是「生」；對於「生」說「生」是「生」，但對於「死」說「生」是「死」，所以「生」和「死」並非聚和散，而「俱是聚也，俱是散也」。在郭象看，「生」和「死」對任何事物都是其存在的一種狀態，「生」是一種存在的狀態，「死」也是一種存在的狀態，如果果能「於死為存」，那麼任何事物哪有不存在的時候呢？所以他說：「非唯無不得化而為有也，有亦不得化而為無矣。是以夫有之為物，雖千變萬化，而不得一為無也。不得一為無，故自古未有之時而常存也。」（〈知北遊〉注）又說：「死亦獨化而死也」，「死與生，各自成體。」（同上）既然「死」和「生」一樣，都是事物存在的形式，那麼就應該「生時安生」，「死時安死」，不以亡為亡，亦不以存為存，沒有必要去追求什麼「超生死，得解脫」之道，而「存亡更在於心之所措耳，天下竟無存亡」（〈田子方〉注）。從這裡我們可以看出，郭象在生死問題上的態度和他對待其他問題的態度一樣，即要求人們在現實社會中隨遇而安，順性當分，而要做到這點，就必須在現實生活中（不像張湛那樣，要求在虛妄的超現實世界中）取消一切分別和對立，包括生死的分別和對立，而不求之於超現實的世界。

張湛既然把萬物看成是相對的、暫時的存在，而只有「至虛」是絕對的永恆的存在，因此任何事物都是有始有終，有聚有散。此一事物之「生」就是其始，或說是「聚而成形」；彼一事物之「死」就是其終，或說是「散而歸太虛」。就萬物說，有「生」就有「死」，「死」、「生」關係是絕對的，因此對每個事物說，「生」就是「生」，「死」就是「死」；對萬物本體（至虛）說，則是「不生」，故亦「無死」，即無所謂「生」，亦無所謂「死」，所以張湛說：

> 本無形者，初自無聚無散者也。夫生生物者不生，形形物者
> 無形，故能生形萬物於我體無變。今謂既生既形而復反於無
> 生無形者，此故存亡之往復耳，非始終之不變者也。(〈天瑞〉
> 注)

所謂「始終不變者」即萬物之本體，萬物有存亡變化，而本體不變。
萬物之有生有形反於無生（死）無形（滅），就是反回「太虛」。所
謂「太虛」，既是萬物之本體，又是宇宙之全體，「太虛也無窮，天
地也有限」(〈湯問〉注)，「凡有形之域皆寄於太虛之中，故無所根
滯」(同上)，蓋萬物之生生化化均在「太虛」之中。而所謂「太虛」，
張湛有時又認為是「元氣」，故說：「夫生者，一氣之暫聚，一物之
暫靈。暫聚者，終散；暫靈者，歸虛。」(〈楊朱〉篇目注) 從這裡
我們可以看到，張湛的哲學思想雖以王弼、何晏「貴無」為基礎，
而又揉合著漢人的元氣論。大凡追求「超生死，得解脫」之道者，
都把現實生活中的生死看成是相對的，張湛正是這樣。他認為，現
實世界中的一切事物都是暫時的，因此才有生滅、聚散、始終之分。
只有「群有」之宗主「至虛」才是永恆的、不變的、無生滅聚散的。
他們這種在現實世界之上虛構一種超現實世界的理論，正是因為現
實世界中的生死問題成為不可克服的矛盾，又欲取消而不得其道，
所以產生這種結果。由於不能在現實生活中取消生死的對立，而只
能求之於超現實的世界。人們如欲解決生死問題，就必須不執著暫
時的、有生滅聚散的現實世界，而以「無智之智」觀照「至虛」之
本體，則可知「生滅之理均，夢覺之途一」，而達到「體神而獨運，
忘情而任理」， 這種「超生死，得解脫」的境界。這正是張湛哲學

思想的特點和目的。

　　總上所述，郭象的思想體系均圍繞著論證「上知造物無物，下知有物之自造」，即否定本體之「無」；而張湛的思想體系則在「明群有以至虛為宗，萬品以終滅為驗」，即肯定本體之「無」。然而他們的哲學都是在分析「有」和「無」的關係中建立的，並得出了不同的結論。郭象從「無」不能生「有」，而否定「有」之上存在一個作為其本體的「無」；他所採用的是否定的方法，即從反面來論證，例如他說：「孰得先物者乎？吾以為陰陽為先物。而陰陽者，即所謂物耳。誰又先陰陽者乎？吾以為自然為先之。而自然，即物之自爾耳。吾以為至道為先之矣。而至道者，乃至無也。既以無矣，又奚為先？」（〈知北遊〉注）所以所謂「六合之外」、「無何有之鄉」、「壙埌之野」等等，實際不過在「日用百物」之中，如果能在現實生活中「出處常通」，即是「獨化於玄冥之境」了。郭象的哲學是以否定超現實的存在為中心課題。張湛則認為，「群有」有生有化，其所以有生有化，必有一不生不化的生化之本為宗主，他所採用的方法是肯定法，即從正面來論證，如他說：「凡滯於一方者，形方之所閡耳；道之所運，常冥通而無待」，「至無者，故能為萬變之宗主。」（〈天瑞〉注）張湛的哲學是以肯定超現實的存在為中心思想。

附錄：論魏晉玄學到唐初重玄學

　　如果我們把先秦道家看成是道家思想的第一期發展，把魏晉玄學看作道家思想的第二期發展，那麼我們能否說唐初重玄學為道家思想發展的一個新階段呢？如果說中國本民族的宗教道教在唐初以前還沒有較為系統和完善的道教哲學理論，那麼能否說重玄學是道教的一種較為系統和完善的哲學理論，並為後來的內丹心性學奠定了基礎呢？本文試圖討論上述兩個問題。

(一)魏晉玄學是先秦老莊思想的新發展

　　為了說明魏晉玄學所討論主要是本體論問題，而漢朝哲學主要是討論宇宙生成論問題，以說明玄學發展的特點，應是有意義的。

　　漢朝哲學講宇宙生成論問題大體有兩類：一是講宇宙如何由原始狀態（最初狀態）自然演化而有天地萬物等等。例如《淮南子·天文訓》中說：「太始生虛霩，虛霩生宇宙，宇宙生氣（按：據《太平御覽·天部》引為「宇宙生元氣」），氣有涯垠，清陽者，薄靡而為天；重濁者，凝滯而為地。」宇宙在開始產生時呈現為全無規定性的無所不包的存在狀態；從這種未分的狀態分化出時間和空間，有了時間和空間之後才有其中的未分的實體（元氣），有元氣就有一定的界限了（即可產生有規定性的東西），其輕清的上揚而為天，

重滯的凝結而為地。這是《淮南子》所描述的宇宙生成的過程，漢朝許多著作大體上都有相類似的關於宇宙生成的說法，如《孝經緯·鈎命訣》中說：「天地未分之前，有太易，有太初，有太始，有太素，有太極，是為五運。形象未分，謂之太易。元氣始萌，謂之太初。氣形之端，謂之太始。形變有質，謂之太素。質形已具，謂之太極。五氣漸變，謂之五運。」所謂「五運」是說「元氣」變化發展的五個階段；由未分到開始發生，再發展到形成一定的形狀，而後有固定的質體，最後形成具體的事物。又如王充也有類似觀點，他說：「天地合氣，物偶自生。」（《論衡·物勢》）「天地合氣，萬物自生。」（《論衡·自然》）這都是說，天地之氣相互交合，萬物就自然而然的產生了。在這裡王充主要是為反目的論而說的，但它都說明萬物皆由元氣的相互作用而生成的。這是漢朝哲學對宇宙生成發展的一種理論。另外還有一種宇宙生成論的理論認為，萬物是由「天」有目的產生的，如董仲舒的《春秋繁露》中說：「天者，百神之太君也。」「父者子之天，天者父之天。無天而生，未之有也。天者，萬物之祖，萬物非天不生。」又如《易緯·乾鑿度》開頭借黃帝之口說：太古之時，百皇開闢宇宙，拓破洪蒙（使天地有分），這樣就有了伏羲氏。伏羲知道天有好生之德，從而造化百源，如此等等。這都是說，天地萬物由天神有目的造就的。

　　魏晉玄學作為一種哲學在基本形態上和漢朝的哲學很不相同，它主要不是討論宇宙如何生成的問題，而是討論宇宙的本體問題，即天地萬物存在的根據問題。魏晉玄學如何產生，其原因是多方面的，例如時代的變遷、儒學的衰落、學風的轉變等等都會影響一種新的思潮的產生，在這裡不必多討論（可參見拙著《郭象與魏晉玄學》第一章），這裡只討論魏晉玄學作為一種本體之學的理論問題。

　　《晉書・王衍傳》謂：「魏正始中，何晏王弼等祖述老莊，立
論以為：天地萬物皆以無為本。」　就此可知，何晏王弼的哲學是由
先秦老莊思想發展而來，其基本命題是「以無為本」，即「有」（天
地萬物）以「無」為本。為什麼說他們的哲學的基本命題是「以無
為本」呢？王弼說：「道者，無之稱也，無不通也，無不由也，況
之曰道，寂然無體，不可為象。」「道」是沒有辦法說的，只能用
「無」來說明，但是它貫通在一切之中，沒有不是由它而成就，所
以只能比方著把它叫作「道」，　它恆常不變而不是實體，所以沒有
形象。因此，王弼認為只能用「無」來規定「道」。　那麼王弼是如
何論證「以無為本」這個命題呢？王弼有一篇〈老子指略〉，　他通
過對《老子》這部書的總體分析來闡明其「以無為本」的思想。在
這篇文章中，王弼提出：聲音有宮、商、角、羽、徵等等，聲音，
如果是「宮」就不能同時又是「商」，是「角」就不能同時是「羽」；
形狀，如果是「方」就不能同時又是「圓」。　只有「無聲」才可以
成就一切聲音，「無形」才可以作成一切形狀。因此，無規定性的
「無」才可以成就一切有規定性的「有」，「無規定性的無」是什麼
意思，就像金岳霖先生說老子的「道」是「不存在而有」。　也就是
說，王弼的「以無為本」是說「無」是「本」而「有」是「末」，這
就是魏晉玄學的「本末有無」問題的討論。

　　為什麼說魏晉玄學是先秦老莊思想的新發展？我認為主要之點
是，在王弼注解《老子》時，對《老子》中可以被解釋為「宇宙生
成論」的思想，他往往給以本體論的解釋，如《老子》第四十章：
「天下萬物生於有，有生於無」，王弼注說：

　　　天下之物皆以有為生，有之所始，以無為本，將欲全有，必

　　反於無也。

意思是說，天下之物都是以有（有形有象的）而存在，萬有之所以始成為萬有，是以（無規定性的或無形無象的）「無」作為其存在的根據。如果要成全「有」，就要返回到它的根本「無」。又如王弼對《老子》「道生一，一生二，二生三，三生萬物」的解釋是：「萬物萬形，其歸一也，何由致一，由於無也。」萬物萬形總得有個統一性，如何能使千差萬別的萬物統一呢？只能是由「無形無象」的「無」來統一。照王弼看，從眾多的有形有象的事物中應該找一個統一性，然而統一不可能由某種具體的有形有象的東西來實現，只能由抽象的無規定性的「無」來實現，即由抽象的「一般」（共相）來統一具體的「個別」（殊相）。這樣，王弼就把《老子》中原來具有某種生成論的因素轉化而解釋為本體論，這種例子很多，如對《周易・復卦》的注、《老子》第三十八章的注等等，茲不贅述。由於王弼哲學是討論「無」和「有」的關係，並認為「無」是「有」存在的根據（究極原因），因此被稱為「貴無」派。不僅如此，王弼還提出，抽象的一般「無」是要由具體的「有」來體現的，他說：「夫無不能以無明，必因於有，故常於有物之極，而必明其所由之宗也。」這就是說，「無」不可能由（無形無象的）「無」本身來表現，是需要通過（有形有象的）「有」來表現，所以要常常在有形有象的事物上，指示出它所根據的是本體之「無」。從這裡看，王弼哲學已經意識到「無」（一般）和「有」（個別）之間的辯證統一關係，「無」作為「體」、「本」，「有」作為「用」、「末」之間的辯證統一關係。因此，我們往往說王弼哲學是「體用一如」、「本末不二」的哲學。據此，我們可以看到在王弼的著作中常常用「崇本舉

末」,「守母存子」來說明「無」和「有」之間的關係。

　　然而王弼的哲學體系並不周全，在他的論述中（注《老子》和《周易》） 仍然有「生成論」的因素，例如《老子》第一章「兩者同出異名」一段的注說：

> 兩者，始與母也。同出者，同出於玄也。……玄者，冥也；
> 默然，無有也，始母之所出也。

按：「玄」即「道」，即本體之「無」，或曰「無有」（不是「有」）。「天地之始」和「萬物之母」同出於「玄」， 則「本體」又在「萬有」之先，且成為萬有之所由生者，所以在《老子》第三十七章注說：「萬物皆由道生。」這就是說，王弼和老子一樣仍然未能完全把生成論的因素排除掉。從這點出發，就會導致在王弼哲學中包含有「崇本息末」的觀點。這是因為，在「道」產生萬物之後，萬物漸漸遠離「道」， 例如人就產生了種種「私欲」、「巧利」之類，而背離了「道」，因此要「崇本息末」，以達到「反本」。

　　從這裡我們可以看到，在王弼哲學中存在著矛盾，根據他的本體論「體用一如」的要求，得出的應是「崇本舉末」； 而根據他的生成論「萬物皆由道生」的要求，可以導致本末為二，而有「崇本息末」的結論。當然從總體上看，王弼哲學雖有矛盾，而「以無為本」的本體論仍是其思想的核心，是王弼哲學對老子思想的新發展。由於王弼的「貴無」思想強調的是「體用一如」、「崇本舉末」，比較注意的是事物的統一性方面，即共相方面，而相對地說，對事物的特殊性方面，即殊相方面則較為忽視，因此玄學由正始時期王、何的「貴無」發展到竹林時期的玄學則分為兩支：一支是更加崇尚自

然，強調事物的統一性，主張「崇本息末」，這就是嵇康、阮籍的哲學；另一支則是向秀的哲學，向秀強調的是萬物「自生」，這說明他注意到事物的特性。

王弼主張「體用一如」，故可要求不廢名教而任自然，而嵇康阮籍提倡廢末歸本，故要求「越名教而任自然」。照嵇康阮籍看，「自然」是一有序的、和諧的整體，而人類社會開始時也是和諧的，但「名教」這類人為的東西破壞了「自然」的和諧。如嵇康在〈太師箴〉中所說：「浩浩太素，陽曜陰凝。二儀陶化，人倫肇興。厥初冥昧，不慮不營。……茫茫在昔，罔或不寧。赫胥既往，紹以皇羲，默靜無文，大樸未虧，萬物熙熙，不夭不離。……下逮德衰，大道沈淪。智惠日用，漸私其親。懼物乖離，擭臂立仁，利巧愈競，繁禮屢陳，刑教爭施，夭性喪真。季世陵遲，繼體承資。憑尊恃勢，不友不師。宰割天下，以奉其私。」這就是說，社會由於各種智巧、爭奪、自私的產生而越來越離和諧的「自然」遠了，因此應破除那些違背「自然」的「名教」，使人類社會返回到符合「自然」要求的和諧統一的社會中去，即萬物應回到那種無分別的狀態（無）中去。故嵇康阮籍提出「越名教而任自然」，這正是沿著王弼「崇本息末」的思路發展的。嵇康阮籍這一「越名教而任自然」的思想正是以他們的宇宙生成論為理論前提的。上引〈太師箴〉「浩浩太素，陽曜陰凝」一段話正是說的宇宙由自然到社會的演化過程，又如〈聲無哀樂論〉中說的：「天地合德，萬物資生，寒暑代謝，五行以成。」〈達莊論〉中說的：「自然一體……一氣盛衰，變化而不傷。」都說明嵇康阮籍的哲學是一種宇宙構成論。因此，可以說他們的思想是對王弼思想中由宇宙構成論因素導致主張「崇本息末」而發展成的。

向秀主張「以儒道為一」（謝靈運〈辨宗論〉），認為「自然」

與「名教」並不對立，這就是說，他的思路是沿著王弼「崇本舉末」發展而成的。在向秀的〈難養生論〉中，他從批評嵇康〈養生論〉的觀點出發，提出「自然之理」和「人為之禮」並不矛盾，因為「實由文顯，道以事彰。有道而無事，猶有雌無雄耳」（《列子注》引向秀語）。從這裡看，向秀是以「道」和「事」是相連的兩面，「自然」和「名教」自不相矛盾。為了強調事物的合理性，向秀提出「萬物自生」的觀點，這顯然是針對「萬物皆由道生」的觀點而發的，即是對王弼「貴無論」中生成論方面的批評。但向秀對王弼的批評似乎並沒有涉及其本體論方面，甚至可以說他在某一方面仍然受到「貴無」思想的影響。在張湛的《列子注》中引有幾十條向秀的話，其中《列子・天瑞》「故生物者不生，化物者不化」句，張湛注說：

> 《莊子》亦有此言。向秀注曰：吾之生也，非吾之所生，則生自生耳。生生者豈有物哉？（無物也，）故不生也。吾之化也，非物之所化，則化自化耳。化化者豈有物哉？無物也，故不化焉。若使生物者亦生，化物者亦化，則與物俱化亦奚異於物？明夫不生不化者，然後能為生化之本也。

蓋生生者不能是「物」，它必定是與「物」不同的東西。因為只要是「物」，它就有生有化，只有不是「物」而超越「物」者，才可以不生不化，這種不生不化的超越物者才能是生化之本。向秀一方面主張「萬物自生」，另一方面又認為還有一不生不化的「生化之本」，這樣在他的體系中就形成了矛盾。

稍後於向秀的有裴頠，裴頠著〈崇有論〉「疾世俗尚虛無之理」，據《晉書》所載〈崇有論〉，裴頠和向秀一樣，主張「萬物自生」，

反對「有生於無」，並且提出一比向秀更為明確的命題：「自生而必體有」，萬物的自生是以其自身的存在為本體，這可以說〈崇有論〉既否定了王弼的「以無為本」，又拋棄了向秀的不生不化的「生化之本」。為了強調每個事物都有其規定性（有其特性），〈崇有論〉中說：「方以族異，庶類之品也。形象著分，有生之體也。」而且裴頠還提出來「理之所體，所謂有也」，「理」（規律）是以「有」（事物的存在）為其實體，即規律是存在的規律。從這些地方看，可以說裴頠較好的解釋了「萬物自生」的觀點。但在他的〈崇有論〉中仍然存在一個問題，論中說：「夫至無者，無以能生，故始生者，自生也。」這就是說，事物雖然不是由「無」產生的，而是「自生」的，但它還有一個「始生」（開始產生之時），這就會被提出一個問題：在事物開始產生之前又如何呢？這個問題在另一種版本的〈崇有論〉就發生了，即在《資治通鑑》卷八十五中所引〈崇有論〉中有一段與《晉書》所錄的很不相同。《晉書》中的「夫至無者，無以能生，故始生者，自生也。自生而必體有，則有遺而生虧。生以有為己分（按：此據《晉書斠注》本，而《斠注》本與中華書局標點本不同，中華本「己」作「已」），則虛無是有之所謂遺者也」。然而在《資治通鑑》中則作：「夫萬物之有形者，雖生於無，然生以有為已分（原注：物之未生則有無未分；既生而有，則與無已分矣），則無是有之所遺者也（原注：遺，棄也）。」如果照《資治通鑑》所載，則「始生」問題或可較好解釋：宇宙在有形之物產生之前，是有無未分的狀態；有形者雖然生於無形者，但在有形者產生之後，它就與無形者分開了，於是無形就為有形者拋棄。從這裡看，萬物之有形者當然有一個「始生」之時，而在萬物之有形者始生之前，宇宙為一有無未分狀態，而這種狀態應是無始的。不過如果照《資

治通鑑》所載之文，裴頠又會陷入如向秀同樣的矛盾，即在「萬物自生」（有）和生萬物之「無」（此「無」或為無形者）之間形成矛盾。所以在魏晉玄學的發展過程中，「有」和「無」始終是諸玄學家討論的一個中心問題。

郭象的〈莊子序〉中提出，他注《莊子》是為了「明內聖外王之道」和「上知造物無物，下知有物之自造」。後面一個問題是討論有無「造物主」的問題，它涉及「有」和「無」的關係問題。前面一個問題是討論「名教」和「自然」的關係問題。郭象哲學也是由反對「有生於無」入手，他不僅認為萬物都是「自生」的，而且萬物之「自生」是因為他們都各自有各自的「自性」，他說：「物各有性，性各有極。」（〈逍遙遊〉注）每個事物都有其自身存在的內在根據，這就是其「自性」；而且其「自性」都有一個極限，「有極限」是說有其自身規定性的極限。這說明郭象強調的是事物的特殊性（個性）。既然萬物是由其「自性」作為其存在的根據，那麼萬物（有）就不是由什麼別的東西生成的，所以〈齊物論〉注中說：「造物無主，而物各自造。」特別是「無」不能生「有」，如〈齊物論〉注中說：「請問夫造物者，有邪無邪？無邪，則胡能造物哉？」照郭象看「無」就是「無」，就是什麼都沒有；什麼都沒有怎麼會產生「有」呢，「無則無矣，則不能生有」（〈齊物論〉注）。因此，郭象認為萬物的生成沒有一個開始的問題，他說：

> 誰得先物者乎哉？吾以為陰陽為先物，而陰陽者即所謂物耳。
> 誰又先陰陽者乎？吾以自然為先之，而自然即物之自爾耳。
> 吾以至道為先之矣，而至道者乃至無也。既以無矣，又奚為
> 先？然則先物者誰乎哉？而猶有物，無已，明物之自然，非

　　　有使然也。

一切都是物，沒有先於物而存在的東西，「物」（有）是無始的，是
自然而然存在的，沒有什麼東西使它如此存在。郭象的這一觀點是
對裴頠「始生」思想的否定。不僅如此，郭象還認為，既然萬物是
「自生」的，那麼它的發展變化只能是由其自身內在的「自性」決
定，因此它是獨立自足生生化化的，這叫「獨化」，如他說：

　　　凡得之者，外不資於道，內不由於己，掘然自得而獨化也。
　　　夫生之難也，猶獨化而自得之矣。既得其生，又何患於生之
　　　不得而為之哉？

「凡得之者」云云是說凡得自性而為生者，從外面說不是由於「道」
所給予的，從自身說也不是自己所能求得的，而是沒有什麼原因突
然自己得以如此的獨立自足的存在著。「自得」是說「道」不能使
之得而自得為生（「自生」）。既然是「自得為生」，那就根本用不著
自己去考慮自身的存在而去追求之。「自得為生」則任何事物都應
是獨立自足的，如果不是獨立自足的，那或是「外資於道」，或是
「內由於己之為」，這樣就要否定「自生」了。前面談到裴頠認為，
事物的存在要靠一定的條件，「有之所須，所謂資也」。而郭象認為，
任何事物的存在從原則上說都是「無待」（無條件），不須要靠外在
的條件，他說：

　　　若責其所待，而尋其所由，則尋責無極，卒乎無待，而獨化
　　　之理明矣。（〈齊物論〉注）

如果找事物存在的外在根據，那麼可以一直找尋下去，最後得出的
結果只能是「無待」，　所以事物獨立自足生生化化的道理是很明白
的。從這裡我們可以看出，郭象不僅以「萬物自生」反對「有生於
無」的宇宙生成論；而且以「獨化」思想反對「以無為本」的本體
論。所以我們可以說郭象的哲學是「無無論」。　郭象哲學的特點與
王弼不同，他只肯定萬物（有）獨立自足的存在，所尋求的不是萬
物的統一性（共性），而是尋求萬物的特殊性（個性）。那麼，郭象
哲學是不是也給我們留下兩個問題呢？一是萬物是否有統一性？另
一是萬物的存在是否果真由其「自性」所決定？

　　上面我們主要討論的是「上知造物無物，下知有物之自造」和
「無則無矣，則不能生有」；下面再討論「內聖外王之道」的問題。
在〈齊物論〉注中，郭象說：「有無而未知無無，則是非好惡猶未
離懷。」意謂，如果知「無無」，則是非、好惡皆可無措於心。這從
方法論上說是一種取消矛盾的方法。而在當時玄學家們所要討論的
重要問題之　就是「自然」和「名教」的關係問題。照上引郭象的
觀點看，知「無無」才可以取消「自然」和「名教」的矛盾。莊子
認為，崇尚自然的為「遊於方之外者」，　而提倡「名教」故為「遊
於方之內者」，而「外內不相及」（見〈大宗師〉）。而郭象則認為，
「未有極遊外之致而不冥於內者，未有能冥於內而不遊於外者也。」
他企圖冥合「遊內」與「遊外」之間的界限，以調和「自然」與「名
教」，以「明內聖外王之道」。因此，郭象的「崇有」、「無無」思想
又是調和「自然」與「名教」的理論基礎。故郭象的〈應帝王〉解
題說：「夫無心而任乎自化者應為帝王。」

　　以上是對魏晉玄學發展的一簡略分析，從上述分析，我們可以

討論兩個問題：

(1)現在中國哲學史的研究似乎有一個問題，即闡述某一哲學家的思想往往設法把其思想體系說成是沒有矛盾的，我認為這是不符合實際的。在歷史上的哲學家的哲學思想中都會包含著某些矛盾，或者說存在著他們沒有解決的問題，這樣才有哲學的發展。魏晉玄學作為一種哲學思潮就是在解決「有」和「無」的討論中不斷發展的。其發展的過程就是在不斷地解決著矛盾的過程。

(2)每個時代的哲學往往都有其討論的共同哲學問題，魏晉玄學作為一種哲學自然也有它討論的中心哲學問題。這就是「有」、「無」本末問題，存在與所以存在的關係問題，其他問題大體上都是圍繞著這個中心問題展開的，例如王弼「貴無」，提出「以無為本」，並用「執一統眾」來論證，以強調萬物的統一性（共性）；而郭象「崇有」，以「萬物自生」來論證，以強調事物的特殊性（個性）。因此，我認為研究哲學史應抓住每個時代哲學思想的中心問題來展開。不能把哲學史的研究等同於「思想史」、「學術史」或「文化史」。

(二)重玄學的產生和完成

「重玄」是根據《老子》第一章「玄之又玄」提出來的。據現有史料，「重玄」這一概念到南北朝時已較為普遍的使用。有東晉孫登「托重玄以寄宗」（成玄英〈道德經序決開題〉引孫登《老子注》語），佛教徒支道林和僧肇也都使用過「重玄」這一概念，至於道教中人使用這一概念就更為廣泛。由於孫登的《老子注》已散佚，他的「重玄」思想故難以討論。孫登為著〈老聃非大賢論〉孫盛之族侄，在〈老聃非大賢論〉中有一段話，可看出東晉時對前此「貴無」和「崇有」的看法，文謂：「昔裴逸民作〈崇有〉、〈貴無〉

二論，時談者，或以為不達虛勝之道者，或以為矯時流遁者。余以
為尚無既失之矣，崇有亦未為得也。道之為物，惟恍與忽，因應無
方，唯變所適。……是以洞鑒雖同，有無之教異陳；聖教雖一，而
稱謂之名殊目。……而伯陽以執古之道，以御今之有；逸民欲執今
之有，以絕古之風。吾故以為彼二子者，不達圓化之道，各矜其一
方者耳。」（《廣弘明集》卷五）孫盛批評「貴無」、「崇有」兩派，
認為他們都「不達圓化之道」而「各矜一方」。　這是否意謂著應超
出「有」、「無」之對立，而達「非有非無」呢？孫登之「重玄」或
已包含「非有非無」的意思？這是有待新材料之發現，方可解決。
然而僧肇作〈不真空論〉，則旨在破「貴無」與「崇有」，以明「非有
非無」之中道。王弼「貴無」，郭象「崇有」，一執著於「無」，一執
著於「有」，　各有所偏，僧肇用〈不真空論〉雖直接批評的是當時
三種對般若學的錯誤理解，但實亦是在解決魏晉玄學「貴無」、「崇
有」各執一偏的。僧肇認為，一切事物（物理的、心理的）的存在
都是不真實的，所以是「非有」；一切事物都可以因因緣合和而成，
故是「非無」；　就像幻化人一樣，幻化人不是真實的人，但仍可有
非真實的幻化人。僧肇就是用這種方法來建立其「不真」則「空」
的理論。這種把「非有非無」作為一種方法就是既否定「有」又否
定「無」的「損之又損」的雙遣法。只有把一切否定了，才可以證
得「諸法本無自性」的道理。由此，僧肇在〈涅槃無名論〉中說：

> 夫群有雖眾，然其量有涯。正使智猶身子，辯若滿愿，窮才
> 極慮，莫窺其畔。況乎虛無之數，重玄之域，其道無涯，欲
> 之頓盡耶？書不云乎，為學者日益，為道者日損。為道者，
> 為於無為者也。為於無為而曰日損，此豈頓得之謂？要損之

又損之，以至於無損耳。

按：「涅槃，秦言無為」，「虛無之數」、「重玄之域」均指佛教之「涅槃」境界。這段話的意思是說：「群有」雖然眾多，但總還是有限的；既使「群有」是有限的，要用才智去窮盡它，也是很難做到。何況「虛無之數」、「重玄之域」，它的道理是無窮無盡的，怎麼能用頓悟的方法一下子就得到呢？因此，要達到涅槃境界只能用漸修的方法，即通過「損之又損」而達到「無損」，直至涅槃境界。涅槃境界是損無所損了，也就是說通過「損之又損」的否定而必達到有所肯定的涅槃境界。這裡或許給我們提示了一重要思想，即僧肇的〈涅槃無名論〉是用「損之又損」（亦即「非有非無」）的方法以達到重玄之域。看來，僧肇要求在破相之後，應有所建立。這在陳慧達的〈肇論序〉和元康對此序的疏中均有所透露。慧達〈肇論序〉中說：

> ……但圓正之因，無上般若；至極之果，唯有涅槃。故未啟重玄，明眾聖之所宅……。

元康疏謂：

> 「但圓正之因，無上般若」者，此〈般若無知論〉也。涅槃正因，無有尚於般若者也，「至極之果，唯有涅槃」耳。般若極果，唯有涅槃之法也。「故未啟重玄」者，以此因果更無，加上「故未」，後明此兩重玄法。般若為一玄，涅槃為一玄也。前言真俗，指前兩論；後言重玄，指後兩論。此是必然，不

勞別釋。重玄者，老子云：「玄之又玄，眾妙之門。」今借此語，以目涅槃般若，謂一切聖人，皆住於此，故名為「宅」也。❶

如果說前引〈涅槃無名論〉中之「重玄之域」是指一種境界，則此處「重玄」兼有方法義。這中間重要的意思是「般若」為一玄，「涅槃」為一玄，故曰「重玄」。元康的意思是說，《肇論》四篇有前後演進關係，前兩論〈物不遷論〉、〈不真空論〉是討論「真諦」、「俗諦」問題；後兩論〈般若無知論〉、〈涅槃無名論〉則是討論成佛之因果問題。後兩論之論因果，般若為因，涅槃為果；般若為一玄，涅槃為一玄，此即「重玄」。只講般若一玄，未達極故，必有涅槃之「又玄」，至「重玄」方可彰聖。

　　從以上的材料和我們的分析，是否能說，在僧肇的學說中，在借老子「玄之又玄」的「重玄」思想，來表示般若破相為「一玄」，之後必以涅槃彰聖為「又玄」，「此是必然，不勞別釋」也。如果我們從南北朝佛教在中國發展的情況看，東晉時般若學極盛，而宋齊之後有涅槃學之興起，至梁大盛，這也正說明般若學與涅槃學前後相繼之關係。在破除一切世間虛幻的假象後，「佛性」才得以彰顯，而通過修行達到「涅槃」才有可能。破除對世俗之一切執著（包括對「有」和「無」之執著），即「破相顯性」，「重玄」就成為達到「涅槃」境界的方法。至於「什麼是佛性」，當時有各種各樣的說法，梁寶亮《涅槃集解》列為十種，此非與本題有關，故闕而不論。但此時期佛教在中國之發展及其所討論的問題，必對道教（道家）

---

❶　此處引慧達、元康語可參見我指導的博士生強昱和崔珍晳的博士論文。

有所啟發，而影響著隋唐道教（道家）重玄學之建立。

　　南北朝之道教學者的著作亦多釋「重玄」，有釋「重玄」為「重天」者；有釋「重玄」為至善境界者；有釋「重玄」為「道」者；有釋「重玄」為「窮理盡性」者，如此等等。有《玄門大論》未詳作者，但早於《本際經》，用精氣神三者合一況「重玄之道」（《玄門大論·三一訣序》）。於此始把道教之「三一為宗」與「重玄」思想結合；而《本際經》則宣稱其宗旨為「最深最妙無上要術，開祕密藏重玄之門」。而「重玄」者「遣一切相」，以至於「遣無所遣」（卷八），「於空於有，無所滯著，名之曰玄。又遣此玄，都無所得，故名重玄眾妙之門」（卷一）。《玄門大論》與《本際經》或均受佛教之影響，此當另文詳論。然這兩種著作對成玄英、李榮的「重玄學」之建立則有直接影響。

　　「重玄」者，取之《老子》第一章「玄之又玄，眾妙之門」。照《老子》第一章中說，「常道」雖不可道，但仍可由「有」和「無」兩方面來把握，故曰：「此兩者同出，異名同謂，玄之又玄，眾妙之門。」（據馬王堆帛書本）因此，要瞭解「有」和「無」之間的關係必須對「道」有深刻之體會。王弼「貴無」，以「無」釋「道」，以「無」為無規定性之有(being)，故「無」為「有」之體、為「有」存在之根據。郭象「崇有」，以「有」自生，故否定「有」另有一存在之根據，「無」是「虛無」(non-being)，故不能生「有」。僧肇既否定「貴無」，又否定「崇有」，提出「非有非無」之命題。僧肇闡發「非有非無」的〈不真空論〉，根據般若學之「諸法本無自性」之理論所建立。在「破相顯性」之後，則必有「佛性」如何安置之間，故於般若破相之後，而有涅槃佛性學說出。唐初道教學者成玄英、李榮運用南北朝以來佛道二教「有」、「無」雙遣之「重玄」思

想資源，於雙遺「有」、「無」之後，以「理」釋「道」，實為道教（道家）理論上之一大突破。

　　成玄英、李榮以及後來的道教學者（如杜光庭等）均以「重玄」作為其學說之特徵，如成玄英說，他的學說「宜以重玄為宗」。那麼成玄英如何解釋「重玄」呢？他說：「深遠之玄，理歸無滯，既不滯有，亦不滯無，二俱不滯，故謂之玄。」（《道德經義疏》第一章）此謂「一玄」。又說：「有欲之人，唯滯於有；無欲之士，又滯於無，故說一玄，以遺雙執。又恐行者，滯於此玄，今說又玄，更祛後病，既而非但不滯於滯，亦乃不滯於不滯，此則遺之又遺，故曰玄之又玄。」（《道德經義疏》第一章）此說「重玄」。「一玄」是否定「貴無」和「崇有」，而達到「非有非無」；「重玄」進而要否定「非有非無」，以致「不滯於不滯」。蓋因為如果執著僧肇「非有非無」的「不真則空」的理論，那麼從一方面說，它也是一種執著；從另一方面看，在破除了一切之後，必須仍有所立，如佛教在中國，於般若學流行之後，又有涅槃佛性學說之興起。成玄英的「重玄學」，無論其理路或思維方式無疑都是受南北朝佛教的啟示而有的。

　　成玄英、李榮在破除了對「有」和「無」的執著之後，他們是如何建立他們的「重玄」理論呢？王弼以「無」釋「道」；郭象以「有」釋「物」，而成玄英以「理」釋「道」。他說：「道者，理也。」並且成玄英用「重玄妙理」、「自然之理」、「虛通之妙理」、「實理」（真常之理）等等來對「理」加以規定和說明。從「理」是「重玄妙理」說，此「理」是在破除以「道」為「有」（實在的事物）和「無」（本無）之後的有所肯定的「理」。「自然之理」是說「理」不是人為的，「天道，自然之理也」（《道德真經義疏》第四十七章注），「真實之道，則自然之理也」（〈天道〉疏），「玄道至極，自然

之理，欲不從順，其可得乎?」(〈大宗師〉疏) 按:「自然之理」有
規律的必然性義。成玄英主要是用「虛通之理」和「真常之理」來
說明「道」。「虛通之理」是說「理」不是具體實在的事物，但它無
所不在、無所不通，故亦非「虛無」，「夫知虛通之道者，必達深玄
之實理」，此「虛通之理」必為「實理」，「實理」即「真常之理」，
真實無妄而常存。成玄英用「理」來說「道」，此實為理論上之一
大飛躍。「理」為虛通之實理，從而排除了「道」的物質之「實體
性」，而「道」為「非有」;又排除了「道」的外在於物之「虛妄性」，
而「道」又「非無」;進而又排除了「道」的「非有非無」之「無
自性性」，而使「道」具有常存的真實無妄性之意義。這說明「重
玄」(重玄之妙理) 不僅是一種方法，而且是作為天地萬物之所以
存在之本體(宇宙本體)。

　　成玄英的本體論與王弼有同有異:其所同者，都認為天地萬物
有其所以存在之根據，即本體;且都用「體」和「用」來說明其所
以存在之根據，王弼說:「以無為用，不能捨無以為體。」他注重的
是「無」的「即體即用」，成玄英用「理本」來說明「理」是天地
萬物之本體，用「妙用」來說明「理」之「用」的奧妙。而成玄英
的本體論與王弼的本體論最為顯著的不同在於，王弼以無規定性的
「無」作為天地萬物的本體，而成玄英以有規定性的「理」(虛通
之實理) 作為天地萬物之本體，這或是在南北朝經過佛道發展之後
而出現之結果乎?

　　〈天地〉疏中說:「虛通之道，包羅無外，二儀待之以覆載，
萬物得之以化生，何莫由斯，最為物本。」「虛通之道」(「虛通之
理」) 為天地萬物存在之根本，天地得到它就有覆載的功能，萬物
得到了它就得以存在，所以它是一切事物的本體。成玄英進而提出

「道」（或「理」）落實到眾生，則為眾生之性分，成玄英說:「道者虛通之妙理，眾生之正性也。」「道」是天地萬物存在之「理」，即宇宙存在之根據，人和其他眾生從「道」所得為其「正性」， 即完善之性分， 是人存在之根據， 這就是說「性」是人得之於「道」（「理」）而存在的內在本質，「性者，稟生之理」（〈在宥〉疏），「蒼生皆有真常之性，而不假於物也」（〈馬蹄〉疏）。人如何實現其「正性」（真常之性）而通向「虛通之妙理」，即由個體之存在通向宇宙全體之存在? 成玄英認為要靠「心」的作用。「心」（真常之心）是人的精神活動之主體，「夫心者，五臟之主，神靈之宅」（〈達生〉疏），「靈府者，精神之宅，所謂心也」（〈德充符〉疏）， 故「聰明之用，本乎心靈」（〈大宗師〉疏）。 通過「心」的作用，進行自我修養，「窮理盡性」，這樣一方面可以清除「違理」、「失性」的欲望，成玄英說:「夫蒼生以失性者，皆由滯俗故也。既而無欲素樸，真性不喪，故稱得也。」（〈馬蹄〉疏）「夫耽嗜諸塵而情欲深重者，其天然機神淺鈍故也。若使智照深遠，豈其然乎!」（〈大宗師〉疏）另一方面，通過心神之修煉，恢復「正性」，「心神凝寂，故復於真性」，達到同一宇宙本體，這就是「境智冥合」（天人合一）而至於「重玄之鄉」。「六合之外，謂眾生性分之表，重玄至道之鄉也」（〈齊物論〉疏）。蓋所謂「重玄之鄉」即是超越自我與世俗之精神境界也。為此，成玄英提出「窮理盡性」作為達到超越境界之途徑。從這裡看，成玄英提出「重玄之理」通過「真常之性」 （正性）而引出「真常之心」（〈德充符〉疏:「若能虛忘平淡，得真常之心。」），即由本體論問題引向心性論之討論。同樣，成玄英又從「真常之心」的「窮理盡性」，通過「重玄」的「雙遣有無」、「超茲四句」、「離彼百非」，以實現「真常之性」， 而通於「重玄之理」， 而達到「重

玄之鄉」，企圖解決本體（重玄之理）與境界之統一。「重玄之域」，〈徐无鬼〉疏謂：「夫至道之境，重玄之域，聖心所不能知，神口所不能辯，若以言知索真，失之遠矣。」這說明，「重玄」不僅是方法、是理論，而且是境界。據以上所論，我們可以看出，成玄英的哲學是由「理」、「性」、「心」三個概念所構成的一相當圓通之體系。

如果成玄英的「重玄學」只是由本體論引向心性論，這作為一種哲學學說，無疑是很有意義的。就這點說，成玄英哲學的路數大體和宋明理學有相似之處，即由本體哲學向心性哲學發展。從魏晉玄學的本體哲學到唐初重玄學的心性哲學從中國哲學發展的理路看，是否有著某種內在的必然性？這大概和中國哲學重視精神境界之提高和以「內在超越」為特徵有關，此非本題應討論者，茲不贅述。但是，成玄英的「重玄學」如果只是這樣一個理路，它並沒有解決「道教」作為一種宗教所要達到的目標，它還不是一種宗教哲學。我們知道，道教所追求的目標與佛教不同，佛教追求的是「涅槃」，道教追求的是「成仙」，即長生不死。如果成玄英的「重玄學」不僅是一種哲學，而且是一種宗教哲學（道教哲學），那麼他的哲學就必須為道教追求的「長生不死」作理論上的論證。我們知道，道教的「長生不死」是與「氣化」理論有著密切關係的。它以「精、氣、神」三者的結合作為達到長生不死的途徑。那麼成玄英的「重玄學」是如何處理這個問題的呢？

為了適應道教終極目標的要求，成玄英把「氣」的概念引入他的體系。成玄英對《老子》第四十二章「道生一，一生二，二生三」的註釋說：

至道妙本，體絕形名，從本降跡，肇生元氣，又從元氣變生
陰陽，於是陽氣清浮升而為天，陰氣沈濁降而為地，二氣升
降，和氣為人，有三才，次生萬物。

這條注的意思是說：「道」作為天地萬物微妙的本體，無形無名，
從「道」這個無形無名的本體演化出有形跡的東西，開始產生未分
化的元氣，然後分化為陰陽二氣，陽氣清輕上升為天，陰氣重濁下
沈為地，陰陽二氣相互作用而生人，有天地人而後有萬物。在這裡
成玄英把「道」（理）看成是生「物」之本（本體），「自然之理，
通生萬物」（〈齊物論〉疏），而「氣」是生「物」之元素，「氣是生
物之元」（〈在宥〉疏）。天地萬物是據「道」（理）由「氣」而生
成，「妙本一氣，通生萬物」（〈齊物論〉疏）。人得「正性」於
「道」，由「精」、「氣」、「神」三者結合而為具體的人，如果人能
修心養氣而志於「道」，就能反本歸源，與「道」合一而長生。所
以道教提出所謂「性命雙修」，性功修心，命功養氣。如何反本歸
源？照成玄英看，就要「寶神，惜氣，固精，志道，不輕此身，故
云自愛」。而「寶神」、「惜氣」、「固精」是要通過「修道」（志於道）
達到，而「修道」主要在「修心」，使「心」無持著，和「道」一
樣虛通，以得長生。故成玄英《老子》第十六章注說：「不知性修
反德，而會於真常之道者，則恆起妄心，隨境造業，動之死地。」而
「心神凝寂，故復於真性，反於惠命」（《老子》第十六章注）。

就上所論，成玄英的哲學體系又包容著一宇宙生成論的架構，
從而使他的道教哲學得以成立。當然以這種道教哲學體系能否實現
道教的終極目標——長生不死，仍是一大問題。因為成玄英還只是
為道教創建了一套通向其終極目標的理論，並沒有建構一套實現其

理論的修持方法。到唐末五代興起的「內丹心性學」才提出一套「性命雙修」的修持方法，從而又把道教的宗教理論和方法向前推進了。至於「內丹心性學」的學理意思又當別論，此非本文所討論，當對五代兩宋金元之「內丹心性學」作進一步之研究。

成玄英等所建立的「重玄學」有什麼意義？我認為可歸為三點：

⑴如果說先秦道家（老子、莊子等）是道家思想的第一期發展，魏晉玄學為道家思想的第二期發展，意欲在道家思想的基礎上調和儒道兩家思想，那麼唐初重玄學或可以被視為道家思想的第三期，它是在魏晉玄學的基礎上吸收當時在中國有影響的佛教般若學和涅槃佛性學以及南北朝道教理論所建立的新的道家（道教）學說。

⑵道教自東漢建立以來，不少學者（如葛洪、寇謙之、顧歡、陶弘景等等）都在努力為道教建立哲學理論，但似乎都不成功，因此無法在哲學理論上與當時流行的玄學和佛教理論相匹敵。究其原因或有兩點可注意：第一、沒有特別注意通過注解《老子》、《莊子》，並在繼承和發展魏晉玄學理論的基礎上，來為道教建立哲學理論體系；第二、沒有特別注意參與到當時哲學發展所討論的問題中去，因此在「重玄學」建立之前道教哲學的理論水平不高。但「重玄學」或多或少地克服了上述兩個缺點。重玄學通過吸收和融化某些玄學和佛教哲學理論，並吸收了南北朝時期之道教理想，在注解《老子》和《莊子》的基礎上為建立道教哲學提供了有意義的路徑。唐宋以後的「內丹心性學」就是在此基礎上發展起來的。因此，注重歷代對《老子》、《莊子》注釋，是全面瞭解中國哲學發展的至關重要問題（當然對儒家和佛教的注解同樣也應注意）。

⑶我們常說，宋明理學一方面批判佛道二教，另一方面又吸收和改造了佛教和道教。但在中國哲學史的研究中對宋明理學吸收佛

教（禪宗、華嚴宗）論述較多，而說到對道教的吸收則很籠統。「重玄學」以「理」釋「道」，又提出「道者，虛通之理，眾生之正性」，而「心」為精神之主體，「夫心者，五臟之主，神靈之宅」，通過「窮理盡性」，而實現與道合一。這與宋明理學（特別是程朱派）的路數極為相近。因此，我們似應更注意研究宋明理學與唐朝以來重玄學的關係，以便我們可以更好地理清隋唐以後儒道釋三家之間的紛紜複雜的關係。

參考書目

郭象：《莊子注》，《四部備要》本

郭慶藩：《莊子集釋》，中華書局一九六一年出版

《晉書》，中華書局一九七四年出版

《全上古三代秦漢六朝文》，中華書局一九五八年出版

《世說新語箋疏》，中華書局一九八三年出版

樓宇烈校釋：《王弼集》，中華書局一九八○年出版

戴明揚校注：《嵇康集校注》，人民文學出版社一九六二年出版

李志軍等校：《阮籍集》，上海古籍出版社一九七八年出版

張湛：《列子注》，世德堂刊本

僧肇：《肇論》，《大正大藏》一九二七年出版

成玄英：《道德真經義疏》，廣文書局一九七四年出版

李榮：《道德真經》，《道藏》本

慧達：《肇論疏》，《大正大藏》一九二七年出版

元康：《肇論疏》，《大正大藏》一九二七年出版

湯用彤：《漢魏兩晉南北朝佛教史》，中華書局一九八三年出版

湯用彤：《魏晉玄學論稿》，中華書局一九六二年出版

牟宗三：《才性與玄理》，臺灣學生書局一九八三年出版

湯一介：《郭象與魏晉玄學》，湖北人民出版社一九八三年出版

索 引

四 劃

五 劃

六 劃

十二劃

十三劃

二十一劃

世界哲學家叢書（一）

書　　　　　名	作　　者	出　版　狀　況
孔　　　　　子	韋　政　通	已　　出　　版
孟　　　　　子	黃　俊　傑	已　　出　　版
荀　　　　　子	趙　士　林	排　　印　　中
老　　　　　子	劉　笑　敢	已　　出　　版
莊　　　　　子	吳　光　明	已　　出　　版
墨　　　　　子	王　讚　源	已　　出　　版
韓　　　　　非	李　甦　平	已　　出　　版
淮　　南　　子	李　　　增	已　　出　　版
董　　仲　　舒	韋　政　通	已　　出　　版
揚　　　　　雄	陳　福　濱	已　　出　　版
王　　　　　充	林　麗　雪	已　　出　　版
王　　　　　弼	林　麗　真	已　　出　　版
郭　　　　　象	湯　一　介	已　　出　　版
阮　　　　　籍	辛　　　旗	已　　出　　版
劉　　　　　勰	劉　綱　紀	已　　出　　版
周　　敦　　頤	陳　郁　夫	已　　出　　版
張　　　　　載	黃　秀　璣	已　　出　　版
李　　　　　覯	謝　善　元	已　　出　　版
楊　　　　　簡	鄭曉江 李承貴	已　　出　　版
王　　安　　石	王　明　蓀	已　　出　　版
程顥、程頤	李　日　章	已　　出　　版
胡　　　　　宏	王　立　新	已　　出　　版
朱　　　　　熹	陳　榮　捷	已　　出　　版
陸　　象　　山	曾　春　海	已　　出　　版
王　　廷　　相	葛　榮　晉	已　　出　　版

世界哲學家叢書 (二)

書　　　　　名	作　　　者	出　版　狀　況
王　　陽　　明	秦　家　懿	已　　出　　版
方　　以　　智	劉　君　燦	已　　出　　版
朱　　舜　　水	李　甦　平	已　　出　　版
戴　　　　　震	張　立　文	已　　出　　版
竺　　道　　生	陳　沛　然	已　　出　　版
慧　　　　　遠	區　結　成	已　　出　　版
僧　　　　　肇	李　潤　生	已　　出　　版
吉　　　　　藏	楊　惠　南	已　　出　　版
法　　　　　藏	方　立　天	已　　出　　版
惠　　　　　能	楊　惠　南	已　　出　　版
宗　　　　　密	冉　雲　華	已　　出　　版
永　明　延　壽	冉　雲　華	排　　印　　中
湛　　　　　然	賴　永　海	已　　出　　版
知　　　　　禮	釋　慧　岳	已　　出　　版
嚴　　　　　復	王　中　江	已　　出　　版
康　　有　　為	汪　榮　祖	已　　出　　版
章　　太　　炎	姜　義　華	已　　出　　版
熊　　十　　力	景　海　峰	已　　出　　版
梁　　漱　　溟	王　宗　昱	已　　出　　版
殷　　海　　光	章　　　清	已　　出　　版
金　　岳　　霖	胡　　　軍	已　　出　　版
張　　東　　蓀	張　耀　南	已　　出　　版
馮　　友　　蘭	殷　　　鼎	已　　出　　版
湯　　用　　彤	孫　尚　揚	已　　出　　版
賀　　　　　麟	張　學　智	已　　出　　版

世界哲學家叢書（三）

書　　　　名	作　　者	出　版　狀　況
商　羯　羅	江　亦　麗	已　出　版
辨　　喜	馬　小　鶴	已　出　版
泰　戈　爾	宮　　靜	已　出　版
奧羅賓多·高士	朱　明　忠	已　出　版
甘　　地	馬　小　鶴	已　出　版
尼　赫　魯	朱　明　忠	已　出　版
拉達克里希南	宮　　靜	已　出　版
李　栗　谷	宋　錫　球	已　出　版
道　　元	傅　偉　勳	已　出　版
山　鹿　素　行	劉　梅　琴	已　出　版
山　崎　闇　齋	岡　田　武　彥	已　出　版
三　宅　尚　齋	海老田輝巳	已　出　版
貝　原　益　軒	岡　田　武　彥	已　出　版
石　田　梅　岩	李　甦　平	已　出　版
楠　本　端　山	岡　田　武　彥	已　出　版
吉　田　松　陰	山　口　宗　之	已　出　版
中　江　兆　民	畢　小　輝	排　印　中
柏　拉　圖	傅　佩　榮	已　出　版
亞　里　斯　多　德	曾　仰　如	已　出　版
伊　壁　鳩　魯	楊　　適	已　出　版
柏　羅　丁	趙　敦　華	已　出　版
伊本·赫勒敦	馬　小　鶴	已　出　版
尼古拉·庫薩	李　秋　零	已　出　版
笛　卡　兒	孫　振　青	已　出　版
斯　賓　諾　莎	洪　漢　鼎	已　出　版

世界哲學家叢書（四）

書　　　　名	作　　者	出　版　狀　況
萊　布　尼　茨	陳　修　齋	已　　出　　版
托馬斯・霍布斯	余　麗　嫦	已　　出　　版
洛　　　　克	謝　啟　武	已　　出　　版
巴　　克　　萊	蔡　信　安	已　　出　　版
休　　　　謨	李　瑞　全	已　　出　　版
托馬斯・銳德	倪　培　民	已　　出　　版
伏　　爾　　泰	李　鳳　鳴	已　　出　　版
孟　德　斯　鳩	侯　鴻　勳	已　　出　　版
施　萊　爾　馬　赫	鄧　安　慶	排　　印　　中
費　　希　　特	洪　漢　鼎	已　　出　　版
謝　　　　林	鄧　安　慶	已　　出　　版
叔　　本　　華	鄧　安　慶	已　　出　　版
祁　　克　　果	陳　俊　輝	已　　出　　版
彭　　加　　勒	李　醒　民	已　　出　　版
馬　　　　赫	李　醒　民	已　　出　　版
迪　　　　昂	李　醒　民	已　　出　　版
恩　　格　　斯	李　步　樓	已　　出　　版
馬　　克　　思	洪　鐮　德	已　　出　　版
約　翰　彌　爾	張　明　貴	已　　出　　版
狄　　爾　　泰	張　旺　山	已　　出　　版
弗　洛　伊　德	陳　小　文	已　　出　　版
史　　賓　格　勒	商　戈　令	已　　出　　版
韋　　　　伯	韓　水　法	已　　出　　版
雅　斯　培	黃　　藿	已　　出　　版
胡　　塞　　爾	蔡　美　麗	已　　出　　版

世界哲學家叢書（五）

書　　　　　名	作　　者	出　版　狀　況
馬克斯・謝勒	江日新	已　出　版
海　德　格	項退結	已　出　版
高　達　美	嚴　平	已　出　版
哈　伯　馬　斯	李英明	已　出　版
榮　　格	劉耀中	已　出　版
皮　亞　傑	杜麗燕	已　出　版
索洛維約夫	徐鳳林	已　出　版
費奧多洛夫	徐鳳林	已　出　版
別爾嘉耶夫	雷永生	已　出　版
馬　賽　爾	陸達誠	已　出　版
布拉德雷	張家龍	已　出　版
懷　特　海	陳奎德	已　出　版
愛因斯坦	李醒民	已　出　版
皮爾遜	李醒民	已　出　版
玻　爾	戈　革	已　出　版
弗　雷　格	王　路	已　出　版
石　里　克	韓林合	已　出　版
維根斯坦	范光棣	已　出　版
艾　耶　爾	張家龍	已　出　版
奧　斯　丁	劉福增	已　出　版
史　陶　生	謝仲明	排　印　中
馮・賴特	陳　波	已　出　版
赫　爾	孫偉平	已　出　版
愛　默　生	陳　波	排　印　中
魯　一　士	黃秀璣	已　出　版

世界哲學家叢書 （六）

書　　　　　名	作　　者	出　版　狀　況
詹　　姆　　士	朱　建　民	已　　出　　版
蒯　　　　　因	陳　　　波	已　　出　　版
庫　　　　　恩	吳　以　義	已　　出　　版
史　蒂　文　森	孫　偉　平	已　　出　　版
洛　　爾　　斯	石　元　康	已　　出　　版
喬　姆　斯　基	韓　林　合	已　　出　　版
馬　克　弗　森	許　國　賢	已　　出　　版
尼　　布　　爾	卓　新　平	已　　出　　版